바람이 불어오면 귀 기울여봐!

이경미 에세이

쓰리제이

서문

과거를 상상하고 미래를 기억하는 나이
-그 나이의 글이 가슴을 울리는 이유

살다 보면 가끔, 말이 안 되는 것 같은데 곰곰 생각하면 그럴듯한 말을 알게 된 때가 있다. 최근에 만난 '과거를 상상하고 미래를 기억하라'는 말이 그렇다. 우리는 지금껏 너무나 당연하게 과거는 기억하고, 미래는 상상해 왔다. 그런데 영국의 어느 역사가는 그 반대로 하라고 말한다.

이경미 씨의 이번 세 번째 수필집을 읽으며 그럴 수도 있겠다고 생각했다. 영국의 역사가야 심오한 뜻으로 '과거를 상상하라'고 했겠지만, 우리처럼 평범한 60대는 우리 식대로 과거를 상상한다. 그래서 지나간 세월의 같은 장면을, 때로는 아쉽고 그리운 마음으로 불러내기도 하고, 때로는 감추고 싶고 쑥스러운 감정으로 소환하기도 한다. 그래서 과거의 색깔은 모노톤이 아니라 컬러풀하다.

이경미 씨의 수필이 바로 그렇다. 그는 과거의 어느 사건이나 인물, 느낌이나 감정 등을 지금 바로 옆에서 일어나고 있는 듯, 다양한 시각과 언어로 풀어낸다. 그게 가능한 것은 그의 글쓰기가 매우 솔직하고 대담하며, 디테일하기 때문일 것이다.

그의 미래는 어떤가. 우리는 미래가 반드시 찾아올 것이라는 사실은 기억하지만, 그 내용에 대해서는 별로 진지하지 않다. 미래에 대한 두려움 때문일 것이다. 그런데 이경미 씨는 그 점에서도 당당하다. 이런 당당함은 지내온 삶에 대한 확신과 신뢰가 있고, 미래를 비우거나 내려놓을 수 있기에 가능한 것이다. 그래서 부럽다. 나는 아직도 미련과 욕심이 많아서이다.

이경미 씨는 2020년 3월에 첫 작품집 《58년 개띠—외로움과 만나다》를 내고, 2022년 10월에 《익명의 엄마》를 출판하더니, 1년 반 만에 다시 세 번째 작품집을 상재했다. 그는 글쓰기를 통해 무엇인가를 비우는 동시에, 그 빈자리를 다른 무엇인가로 채우고 있다. 첫 작품집에서는 외로움과 대면했다면, 두 번째 작품집에서는 관조를 보여줬다. 이번 작품집에서는 외로움과 관조를 적절히 안배한 '아쉬움'을 보여주고 있다고, 나는 느꼈다. 그가 말하는 아쉬움은 특별한 감정은 아니다. 누구나, 언제나, 아쉬움을 느끼며 살아간다. 그래서 그의 글은 읽는 이의 가슴을 울린다. 더욱이 이 시대의 강자, 60대 여인이 경험으로 말하는 '아쉬움'에 누가 감히 이의를 제기할 수 있겠는가.

이경미 씨의 글은 앞으로 어디로 향할 것인가. 혹시 '그리움', '서글픔', '회한' 등등에 가끔 '기쁨'과 '보람', '이별 준비' 등을 토핑처럼 얹은 글들을 쓰지 않을는지. 그러나 나는 예단하고 싶지 않다. 다음에 그가 어떤 작품을 쓰든 나는 여전히 첫 번째 독자일 것이기 때문이다. 고개를 끄덕이며, 마음의 위안을 얻으며….

심규선/ 수필가(전 동아일보 편집국장·대기자)

차례

서문

길을 걸었지	7
심중의 말	17
모임	27
바람이 불어오면 귀 기울여봐!	37
내 이름은 경미	45
e스포츠	55
연극관람	65
식당 빌런	75
눈짓 그리고 눈치	85
사진 속의 그녀들	93
고치는 남자들	103
오물오물	115

여행	125
쓸데없는 걱정들	135
58년 개띠	143
수영장	153
쓸쓸한 뒷담화	163
장소와 시간	173
우주적 관점에서 보면 우리 사이는	185
환호	197
먹어! 먹어봐! 한번 먹어봐!	207
조슈아 트리 가는 길	217

01
길을 걸었지

1

 예전엔 잘 걸어 다니던 거리도, 두릎을 다친 후론 택시로 대신한다. 그런데 이젠 택시도 손쉬운 이동수단은 아니다. 아무데서라도 손만 번쩍들면 택시를 잡을 수 있는 시대는 가 버렸다. 다들 카카오 택시를 이용하니, 나처럼 길에서 택시를 잡는 사람은 오히려 시간을 허비하게 된다.

 출근시간에 택시를 잡으려면, 빈 택시가 눈에 띄지 않아 약속시간에 늦을까봐 초조해지곤 한다. 그 전처럼 여차하면 걸어갈 수도 없는데...
 다쳐보니 못 걷는 사람들의 심정을 알겠다. 나는 벌써 몇 달째 어정쩡하게 걷고 있다. 무릎이 접힐 때마다 뚝뚝 하는 뼈소리와 함께 아이고, 아얏! 소리가 절로 나온다.
 그리고 그 아픔에 뒤이어 슬픔과 탄식이 밀려온다. 서글프다. 틈만 나면 한강을 걷고 아차산을 걷던 내가 아닌가. 설악산도 올라가고, 심지어 극성맞게 네팔까지 가서 안나푸르나를 걷던 용맹한 여인이었는데 이제는 모두 과거지사가 됐다.

코로나 이후 모두 만나지 말고 돌아다니지도 말라는 규제 속에 오히려 산을 향하는 사람들의 수가 갑자기 엄청나게 늘어난 것을 볼 때마다, 이제 나는 산에 못 가겠구나 싶어 서글픈 마음이 저 속에서부터 찌릿찌릿 올라온다.

아무 때나 마음내킬 때마다 훌쩍 오르던 나의 아차산인데 말이다.

아차산에는 쌍둥이 손주들도 데리고 다녔었다. 제대로 걷지도 못하는 서너 살 때부터 쌍둥이는 그 짧은 다리로 아장아장 나를 따라 오르막길을 올랐었다. 제 엄마가 차에 태워 산 입구에 애들을 내려주면 내가 손을 꼭 붙잡고 산으로 이끌고 가곤 했다.

산을 오르는 사람도, 내려오는 사람도 어린 아기들이 짧은 다리로 잘도 오른다고 칭찬해주었다. 사랑과 부러움의 눈길을 잔뜩 받으며 산에 다니던 때가 어제 같은데, 이제는 그 일이 다시는 못 누려볼 기적 같은 호사로 느껴진다.

아차산 뿐만 아니라 요즘은 지자체가 어디에나 산과 공

원을 잘 가꿔놔서 걸을 만 한 곳이 많다. 그래서 더욱 안타깝다. 장기하의 〈부럽지 않아〉를 외쳐 부를 판이다.

나는 부럽지 않아 ,나는 부럽지 않아, 나도 산에 많이 다녔었어! 하며 말이다.

티비에 박소현이란 연예인이 나와서 이런 고백을 한 적이 있다. 발레를 하던 시절 어느 날 무릎에서 뚝 소리가 났는데, 이후로 일 년 반을 병원을 다녔건만 치료가 되지 않아 발레를 포기했다고. 그녀가 눈물이 그렁그렁해서 그 이야기를 할 때 나도 하마터면 눈물을 흘릴 뻔 했다.

나도 요즘 다리로 할 수 있는 모든 자유를 잃은 기분이다. 자전거도 무릎이 꺾일까봐 못 타고, 저쯤에 횡단보도에 초록색불이 들어온 걸 보고도 예전처럼 냅다 달려 건널 엄두를 못 낸다.

택시를 탈 때도 기사님에게 천천히 타겠다고 양해를 구하고, 무릎 다친 이야기를 들려준 뒤, 내릴 때도 기다려달라고 말한다.

모든 행동이 느려졌을 뿐만 아니라 위험해지기도 했다. 저 멀리서 자전거 한 대가 빠르게 달려오면 나는 얼음 땡 놀이라도 하는 것처럼 몸이 저절로 굳어 어, 어, 어... 하고 비명을 지를 뿐이다. 예전처럼 잽싸게 비켜설 수가 없다. 쌍둥이가 반갑다고 달려와 포옹하려고 하면 아아아... 안 돼... 할머니 무릎 아파... 하며 뒤로 휘청댄다. 걸을 때 마다 무릎 위와 아래를 잘 마추면서 걸어야 한다.

우리 가게의 아줌마들이 비행기처럼 냉면그릇을 네 개씩 들고 힘차게 움직이는 게 그저 부럽고, 멋져 보인다. 아줌마들은 내가 무릎을 다치는 것도 직접 봤고, 치료를 받으러 다니는 것도 알고 있다.

아무 말 안 하지만 내가 움직이는 걸 살피고 내 걱정을 해준다. 힘이 넘치고 두 다리가 멀쩡할 때는 몰랐던 타인의 고마움이다. 따지고 보면 가장 많이 만나고 가장 오래 생활하는 이들이 가게 아줌마들이라는 사실도 뒤늦게 깨닫는다.

정작 혈육들도 다 따로 살기에 그들은 아줌마들에게 전해 듣고서야 내 무릎이 고장 난 걸 알았다.

아프다고 하면 뭐하나 싶어 말 안 했었다. 그래도 일어나고 앉을 때마다 저절로 끙! 하고 신음 소리가 새 나오니, 딸이 묻기는 했다. 왜? 엄마 어디 아파? 그러나 내가 별 말 않고 입을 다무니, 딸의 관심사는 곧 다른 곳으로 옮겨갔다.

나는 또 이럴 때 내 엄마를 생각한다. 나 역시 엄마에 대해 그렇게 관심을 두지 않았었다. 잠깐씩 "어때 엄마? 이젠 덜 아파?" 묻곤 했지만 제대로 된 대답을 듣지 못하고도 곧 잊었다. 어쩌면 엄마들이란 아픈 게 당연하다고 생각했던 것 같다. 딸도 아마 그런 생각이겠지. 어쩌랴? 돌고 도는 물레방아 같은 인생인 걸. 돌고 도는 물레방아 같은 인생~ 이라고 노래라도 부르면 기분이 좀 나아지려나?

나 혼자만 겪는 아픔도 아니다. 내 주위에 나 말고도 두 사람이나 나와 비슷한 시기에 무릎을 못 쓰게 되었다.

한 사람은 홈쇼핑에서 파는 운동기구를 사서 집에서 열심히 홈트를 하다가 다쳤다. 나이 먹을수록 하체의 살이 자꾸 빠지는 것 같다며 유명 트레이너가 선전하는 기구를 사서 열심히 운동을 했고 요즘 하체가 빵빵해진 거 같다면서 자랑도 했다.

그런데 언제부턴가 무릎이 아프기 시작하더니, 나처럼 정도가 심해져서 거의 두 달을 쪼그리고 앉지 못했다. 괜히 욕심 내다가 멀쩡한 무릎을 다쳤다고 자책하는 그녀의 말에 나는 웃음이 터졌다.

나는 넘어지기라도 했지, 언니는 셀프로 고장을 냈다고 놀렸다. 그 언니는 같이 웃으며, 그래도 지금은 많이 호전

돼서 집 앞에 있는 산을 걷기도 한다고, 너도 언젠가는 나을 거라고 절룩거리고 걷는 내게 용기를 준다.

또 한 사람은 더 억울하게 개인 트레이닝까지 받으며 스쿼트를 열심히 하다가 무릎을 다쳤다. 지인을 통해, 다친 무릎은 어떠시냐고 물으며 서로 정보를 교환하기도 했다. '어떻게 다치신 거냐?' '나는 넘어져서 다쳤다.' '치료는 뭘 어떻게 받고 있느냐?' '나는 무릎 한가운데에 찔러 넣는 주사를 세 번 맞았다.' 나는 한의원에서 뱀독을 정제했다는 주사도 맞고 있다며 알레르기는 없는데, 효과가 있는지는 잘 모르겠다고 그리 친할 일 없던 우리는 동병상련의 심정으로 힘내라는 말을 전했었다.

그 분도 상심이 큰 듯 보였다. 지인이 전하기를, 갑자기 못 걸으니 어쩔 바를 모른다기에 그 마음 알 것 같다며 나도 예전처럼 걸을 수 있을까 하는 생각에 눈물이 나오더라고. 우리 다 같이 힘내자고... 그러던 중 지인이 전화를 해 말을 잇지 못하는 목소리로 너무도 뜻밖인 소식을 전했다. 그분이 갑자기 세상을 떠났다는 거였다.
대번에 내 입에서는 이런 말이 튀어나와버렸다.
왜? 갑자기? 못 걸어서? 설마... 자살이야?

지인은 자신도 잘 모르겠다고 대답했다. 듣기로는 심장마비라고 하는데, 그게 사실인지... 코로나로 죽음도 대충대충 홀대받는 세상이다. 장례식장도 인맥을 통해 겨우 구했다고 한다. 나는 영혼 없이 중얼거렸다. 설마... 설마 아니겠지.

정말 심장마비일까? 얼마 전 우리 동네 주민 한 분도 심장마비로 돌아가셨다더니, 며칠 후 그분 동생이 내게 자초지종을 들려줬었다. 극단적인 선택을 했다고 말이다.

그 일이 있어서인지, 나는 심장마비라는 말이 곧이 들리지 않았다. 그토록 건강하던 사람이 갑자기 걷지 못하게 되었으니, 그 때문에 비관한 것은 아닐까 싶었다. 내 발로 마음대로 가고 싶은 곳을 다니며, 보고 싶은 사람들을 만날 수 있었더라면 그에게 좀 더 긴 시간이 남아 있었을지도 모른다.

그나마 나는 절뚝거리면서라도 걷고 있다. 아직 돌아다니며 만나고 싶은 사람들을 만나고 있다. 나처럼 무릎이 아프다가 허리까지 아프고 결국은 다리를 절룩거리는걸로 결말이 난 사촌여동생을 만난다.

카페라도 들어가려고 함께 계단을 오를 때면, 둘 다 티 안 나게 절뚝이려다 어이가 없어 웃음이 터진다. 웃다가

울 판이다.

　이제 계단은 나에게 두려움과 원망의 대상이다. 손잡이를 의지해 티 안 내고 서너 칸 오르려고 안간힘을 쓰지만 저절로 비명이 튀어나온다.

　나는 길을 걷는다. 오르막 내리막을 피해 평지 길을 골라 걷는다. 하루 한 시간이라도 걸으려 애쓴다. 뻗정다리로 최대한 무릎을 구부리지 않고 걸으려 애쓴다.

　내 몸의 어느 부분이 아파 봐야 그 부분이 있다는 걸 알게 된다던가? 여태껏 나를 지탱해주고 여기저기 데려다주고, 온갖 길을 걷게 해주고, 자전거를 태워주고, 좋은 경치를 편히 보게 해 준 무릎에게 '이제는 제발 나아 달라'고 간절히 말한다.

　길을 걸었지… 누군가 곁에 있다고 느꼈을 때 나는 알아버렸지… 길을 걷는 게 얼마나 대단한 일이었던가를 말이다.

　인생이란 결국 매일 매일 길을 걷는 것이었다는 것을!

02
심중의 말

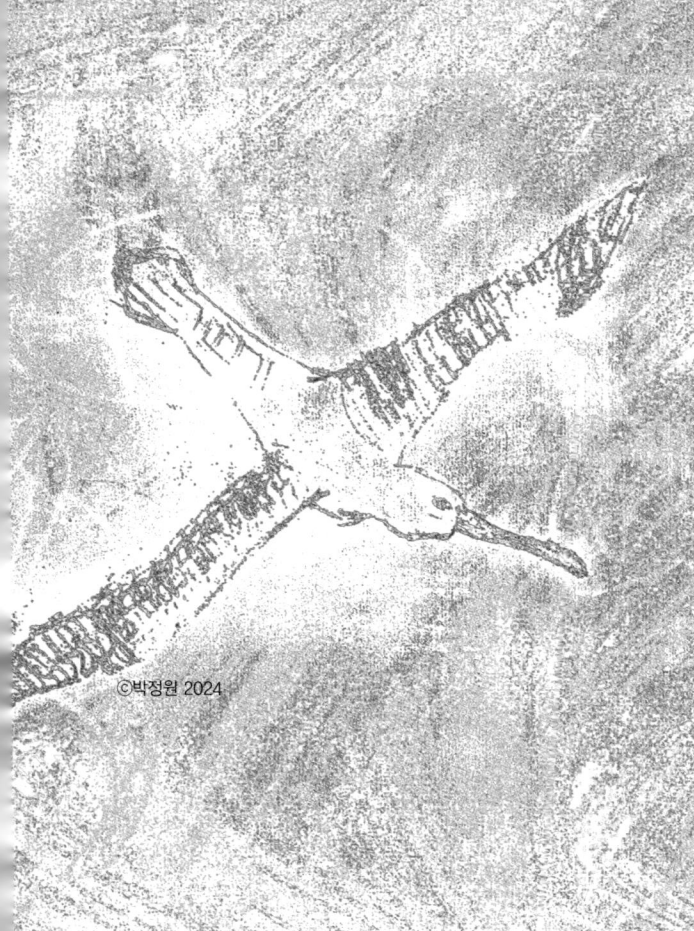

2

　집에 들어오면 티비부터 켠다. 아무 소리도 안 들리는 것보다 티비소리라도 들리는 게 나아서다. 조용한 게 좋다는 사람도 물론 있다. 그러나 그것도 하루 이틀이지, 매일 조용하면 힘들다.
　나돌아다니는 게 좋아도 결국은 집에 들어와야 한다. 밤이 되면 사람은 집에 돌아온다. 집에 들어왔으면 이제 서성이던 걸음을 멈추어야 한다. 집안 어딘가 앉아야 한다. 기대든지, 눕기라도 해야 한다.
　저절로 티비 리모컨에 손이 간다. 결국 들아와 앉을 곳은 국화꽃 앞도 아니고 화장대 앞도 아닌, 티비 앞이다.

　티비를 보지 않으면 뭘 할 수 있을까? 개나 고양이와 대화를 할까? 아프고 어두운 눈으로 책을 볼까? 청춘들은 핸드폰으로 별 거 다 하며 놀겠지만, 노년들에겐 티비다. 티비와 함께 시간 깨기나, 부수기를 한다. 주로 시청하는 건 정치나 시사를 다루는 뉴스쇼 프로그램들이다.

지난 2년 코로나 기간 동안 정치 프로를 많이도 봤다.

일부러 보지 않아도 저녁 시간이면 트로트와 정치프로가 경쟁적으로 방송된다. 입맛대로 골라볼 수도 있다. 보면서 대통령이건 누구건 맘껏 욕할 수도 있다.

예전엔 대통령을 욕하거나 비방하면 감옥에 가는 줄 알았다. 그때는 뉴스만 겨우 봤지, 정치판에 대해 이렇게 자세히 알지도 못했다.

그런데 몇 년 전부터, 갑자기 정치에도 유튜브가 생겼

ⓒ김동숙 2024

다. 온라인 세상이 되어 티비나 유튜브를 보며 웃거나 욕하며 시간을 보낸다.

나 같은 사람에게 비대면 세상은 사실 불편하기 짝이 없다. 우선 집 앞의 은행이 없어져 버렸다. 세금신고와 대출금 연장서류발급 때문에 오프라인 은행에 꼭 가야 하는데, 늘 가던 몇십 년 동안 있던 은행이 사라졌다. 직접 사인을 해야 하는 시한이 임박했는데 말이다. 나는 우리동네 은행을 없앤 '** 은행' 놈들을 중얼중얼 욕하며, 은행업무가 이첩됐다는 자양동사거리 은행까지 갔다.

331번 번호표를 뽑고, 이름만 알 뿐 얼굴은 모르는 은행 직원을 대면하려고 넓은 로비에 앉아 기다리려니 직원들의 통화 내용이 다 들린다. 영업장 이층이라, 개인 업무는 없고 사업주와 회사직원들의 업무를 보는 사람들 전화가 끊이지 않는다.

그중에서도 유독 한 직원이 전화를 많이 받는데, 가만 들어보니 내가 만나야 할 임** 대리이다. 331번 내 차례가 올 때까지 그녀의 통화를 엿듣다 보니, 은행원도 좋은 직업은 아닌 것 같다. 저렇게 말을 계속 들어주다간 집으로 그냥은 못 들어갈 것 같다.

누군가와 만나서 소주라도 한 잔 마시며 '으이구 지긋지

긋한 놈들'이라며 귀를 털고 들어가야 할 것 같다.

 은행원은 말에 지치고, 나는 언제까지 기다려야 하는지 물어보는 말이 하고프다. 임** 대리는 고객들 말을 끝없이 듣고, 나는 저녁마다 티비에서 나오는 말을 끝없이 듣기만 한다.

 트로트를 듣고, 정치프로를 듣고, 유퀴즈를 듣는다. 가끔 전화로 누군가의 말을 듣기도 하지만, 어제 무슨 말을 들었는지, 오늘 무슨 말을 들었는지 별로 기억에 남을 만한 내용이 아니라 헷갈린다.

 정치 프로에서는 매일 똑같은 말로 티격태격한다. 어려운 말만 골라서 하는 지식인들도 속으로는 '저놈 말이 언제 끝나나' 할지도 모른다. 예전에 학부모 모임에서 보면 먼저 집에 간 엄마들을 도마 위에 올려놓고 심층 분석하던 거처럼, 패널들이 오늘은 누구를 도마질하며 분석하나 싶어 그 길고긴 말을 듣고 있다.

 그러다 보면 가끔 웃음이 터지는 말도 나온다. 최근에 들은 말 중 기억에 남는 건 '삼겹살을 먹는 채식주의자'라는 말이다.

 누군가의 말이 어처구니 없는 궤변이라는 뜻인데, 어려운 말로 빙빙 돌리지 않고 삼겹살로 쉽게 말하니, 똑똑

해 보인다.

정치 프로가 끝나면 예능프로가 시작된다. 문득 문득 혼자서도 웃는 시간이 온 것이다. 유퀴즈의 샤넬 미용실 편도 아줌마들이 얼마나 웃겨주던지, 한참을 웃었다.

네 명 모두 단호하게, 퀴즈를 맞치면 돈을 백만원이나 주겠다고 하는데도 안 풀겠다고 해서 나는 박수까지 치며 눈물까지 찔끔 흘리며 울 듯이 웃었다.

성북동에 사는 할머니는 선물로 받은 고등어 슬리퍼가 마음에 안들어 티비로 아들딸, 손주, 친구들까지도 다 볼 거라는 걸 알면서도 '이런 걸 선물이라고 하지 말라'며 호통치고도 슬리퍼를 내던지지는 않았다.

심중의 말을 그대로 하는 이런 프로를 좋아한다. 맘껏

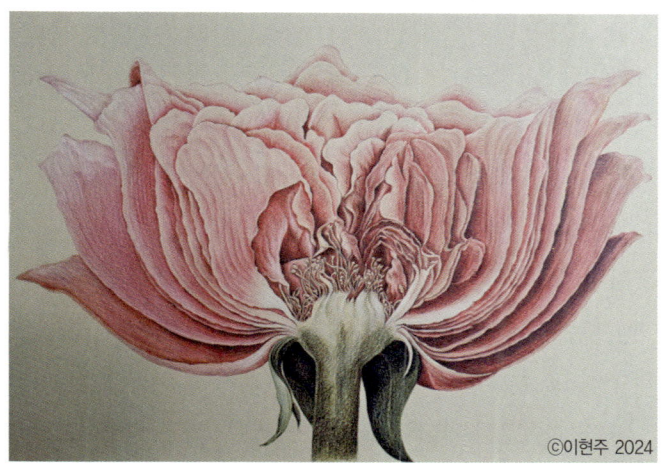

웃을 수 있다. 그런가 하면, 정치프로는 욕할 수 있어 좋다. 지속가능하게 욕할 수 있는 존재가 정치인들이다.

칠 대 삼으로 흐트러짐 없이 말끔한 헤어스타일을 하고, 숫자와 팩트가 장착된 말을 하고 있지만 정치인들을 보다 보면 아버지가 하신 말씀이 자꾸 떠오른다.

"말 많이 하지 마라! 말 잘 하고 많이 하는 놈들일수록 사기꾼이다!"

아버지가 남기신 몇 안 되는 가르침 중 하나이다. 사실 아버지는 말이 없으셨다. 고생이란 고생은 다 하면서 삼팔선을 넘어온 세대인데, 그런 건 한마디도 말하고 싶지 않으셨나 보다.

죽을 고비를 넘겼다고 말하려면 옆에서 총에 맞아 죽은 사람이 떠오를 듯해 아예 입을 닫은 건지도 모른다.

그런데 정치인들은 웬 할 말이 저렇게 많을까? 게거품을 물고 서로 싸우면서, 누구를 위한다는 것인지 잘 모르겠다. 나도 국민이지만, 국민은 알아서 살고 있는 중이다.

자꾸 국민을 위한다고 하니, 나도 딱 잘라 사양하고 싶다. 유퀴즈의 샤넬 할머니들처럼 단호하게, '안 받습니다!' 하고 싶다.

알아서 쥐꼬리 만한 월급이라도 받는 직장에 다니고, 알아서 집세 내고, 알아서 대출금 갚고, 알아서 애들 낳아 키울 테니, 세금이나 뜯어가지 말라고 하고 싶다. 이런 걸 주면서 준다고 하지 말라고 하고 싶다. 국가에 기대지 않고 알아서 살다 알아서 죽고 싶다.

훌륭해 보이는 사람들은 마음에 있지도 않은 말을 많이 한다. 늘 누군가를 위한다고 말하는 그런 사람은 안 만나고 싶다. 차라리 샤넬 미용실 아주머니처럼 재미있게 모여서 머리에 파마를 말고 앉아 놀고 싶다. 티비에서 본 훌륭한 사람들이 한 말을 씹으며 그게 말이냐고 하면서 욕하고 놀고 싶다.
 다 똑같은 놈들이야, 도둑놈, 그게 다 세금이야. X새끼, 그놈이 그놈이야 하며. 마음껏 욕할 수 있는 건, 티비 속 그들이 전혀 모르는 사람이기 때문이다.
 사돈의 팔촌의 팔촌을 다 헤집어도 알 만한 사람이 없다. 고향 사람 중에도, 종친 중에도, 우리 오빠의 친구의 친구 중에도, 남편의 동창 중에도 티비에 나오는 정치인은 없다.

맥도널드에 들어가서 키오스크로 햄버거를 두 개 주문했는데, 막상 네 개나 나왔다. 잘못 눌렀나? 너무 빨리 눌렀나? 주위엔 젊은이들이 가득히 앉아 있다.

다들 척척 주문하고 척척 먹는다. 나는 당황하지 않은척 하려고 애쓴다. 원래 시킨 게 네 개인 듯 자연스럽게 행동한다.

머리로는 키오스크 주문이 별것 아니라고 생각하려 하면서도, 심중의 말이 욕이 되어 마스크 안에서 터진다. 아! 이런 것도 제대로 못하는 우라질! 하며 말이다.

집에 돌아와 다시 티비를 켠다. 욕해도 되는 익숙한 얼굴이 나온다. 저런 X새끼, 저런 나쁜 놈... 이러다 혼자 팔까지 휘두를 지경이다. 이건 그냥 욕이 아니다.

심중의 말이 터져 나오는 것이다.

나는 지금 새로운 시대를 쫓아가기 힘든 것 같다.

키오스크에서 버벅대며 햄버거를 사온 날이다.

03
모임

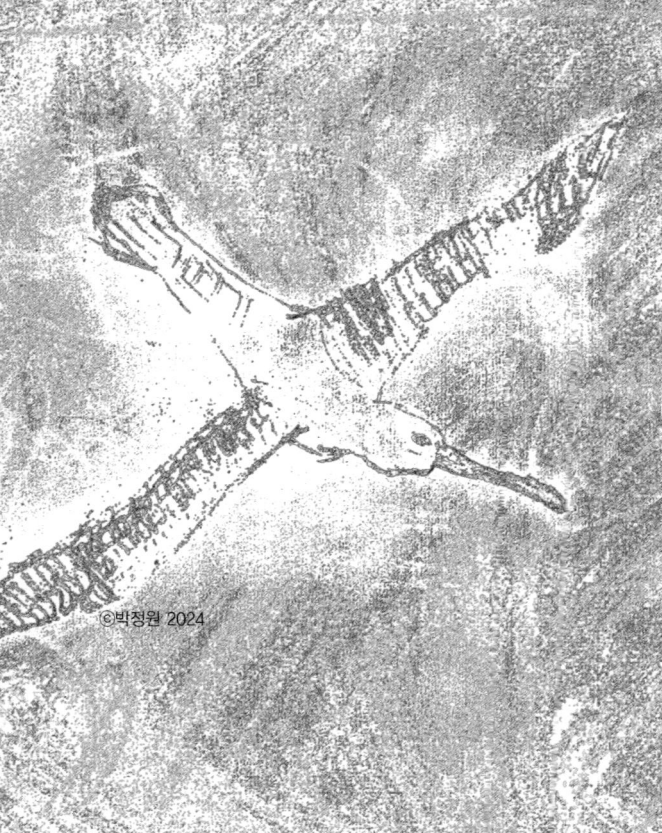

©박정원 2024

3

 거리두기가 드디어 풀렸다. 네 명 이상 모이지 말라던 인원제한도 끝났다. 코로나는 아직 물러나지 않았지만 모임들은 돌아왔다. 나는 지금 모임에 가는 중이다.

 요즘은 모임을 구성하기가 한결 쉬운 것 같다. 예전엔 총무들이 며칠씩 전화를 돌려야 했다. 장소와 날짜 정하다가 에너지가 바닥날 정도였다. 양평이나 퇴촌의 한정식 집 어때? 지난번에 가서 먹어봤는데 괜찮다더라. 이번에는 누구 엄마가 한턱 내는 거니 꼭 참석해라… 게다가 날짜를 잊을까봐 일일이 임박해서 한 번씩 더 전화를 돌려야 한다. 안 나오거나 못 나온 사람은 어떤 이유로 두슨 말을 남기고 못 나왔는지 전달해 주고, 목소리를 낮춰서 속사정을 조근조근 전파하기도 하며, 총무는 음으로 양으로 바빴다.

나는 늘 총무가 대단해 보인다. 뭘 물어 봐도 국정원장처럼 다 알고 있는 눈치이고, 척척 적절한 답을 내놓으니, 우러러 보인다. 어떻게 다 알지? 따로 만나나? 그리고 어떤 면에선 조심스럽기도 하다. 나에 대해서도 다 아나 싶어서 말이다.

모임이라는 게 알고 보면 골고루 평등하고 공정한 게 아니다. 인원이 열 명쯤 되면 주축이 되는 건 서넛이다. 끼리끼리의 과학이 작용해, 다같이 친한 것도 아니다. 끼리끼리가 없어 이리저리 회비만 내다가 슬그머니 탈퇴하는 멤버도 있고 무슨 이유인지 모르지만 탈퇴를 종용받는 이도 있다.

이렇게 복잡한 절차와 과정을 거쳐서 굳이 모임을 만드는 이유는 무엇일까? 진심을 나누기 위해 모여드는 건 아니다. 명품백에 화려한 옷을 뻗쳐 입고 모임에 가지만 꼭 그 이유만으로 모임이 필요한 것도 아니다. 안 모이면 뭐 할 건가? 그나마 시간이 잘 가고, 일이 돼도 되니 모이는 거다.

약속 장소에 도착하니 3분의 2는 벌써 와 있다. 나이 들면 점점 일찍들 와 있어 제시간에 맞춰 갔다가는 놀라서 시계를 들여다보게 된다.

  이게 얼마만이냐고 돌아가며 악수를 하고 주먹을 맞댄다. 빈자리를 두리번거리니 여기저기서 내 이름을 부른다. 옆이나 앞에 웃기는 사람이 앉으면 모임에 나온 보람이 있을 텐데, 웃기는 사람은 귀하다. 아무 데나 한 자리 차지하고 앉고 나니, 차츰 빈자리도 다 채워졌다. 올 사람은 다 왔다.

  내 맞은편에는 전직 세무서장이 앉고, 세무서장 옆에는 회계사와 부동산업자가 앉았다. 옆 테이블의 회원이 벌떡 일어나 전직 세무서장을 향해, 이번에 박사학위 따신 거 축하드린다고 인사말을 한다. 박사학위라고? 학위 딴 건 어떻게 알았지? 서로 친한 사인가? 박사학위 얘기가 한동안 오간다.

  아무래도 내 자리가 풍수지리상 안 좋은 자리인 것 같다. 어머나! 박사논문 주제가 뭐였었어요? 하고 누가 물으니 전직 세무서장이 대답한다. 그 대답을 나도 들었건만 기억에서 바로 떠나 버린다. 곁에 앉은 여인이 어느새 내 귀에다 속삭인다. 저 사람, 저 사람, 그리고 저기 저 사람도 다 박사들이라고. 그냥 동네 사람들인 줄 알았더니 박사가 꽤 많다.

 받은 명함들을 유심히 보니 전부 경영학 박사라고 씌어 있다. 크게 감동했다는 듯, 놀라는 얼굴을 했지만 솔직히 부럽지는 않다. 오히려 이 일 저 일 쓰나미에 휩쓸려 뭐든지 금방 잊고 마는 내 바쁜 하루에 더 만족한다. 공부는 무슨 공부이고 박사는 무슨 박사인가? 나랑은 아무 상관 없는 일 같다.

 그래도 오랜만에 모여 같은 테이블에 앉아 먹는 동안 말을 해야 하는데, 적당한 말이 떠오르지 않아 막막한 순간에 회장님의 인사말씀이 있겠다고 주목하란다. 다행이다. 누군가 말을 시작하면 듣기만 해도 된다.

ⓒ김동숙 2024

회장은 이게 얼마만이냐고, 무려 2년 만의 모임이라고 감개무량함을 표했다. 회장님의 인사말이 끝나자 부회장, 총무, 감사 순으로 인사말이 이어졌다. 그때마다 모두들 말하는 사람 쪽을 바라보며 박수치느라, 불판의 갈비는 혼자 구워지고 있다.

그나마 기억에 남는 공지는, 오늘의 식사는 어느 회원이 다 냈다는 거와, 누구의 모친이 돌아가셨다는 공지, 그리고 누구의 아들이 결혼한다는 공지였다. 나는 이 많은 사람들의 식대를 다 낸다는 회원이 괜히 걱정스러웠다. 그러나 하필이면 배가 하나도 안 고파, 나부터 소식(小食)을 하게 돼 그나마 다행이다.

고기 굽는 걸 싫어해 삼겹살도 잘 안 먹는데, 종업원이 다 구워주니 좋다. 나는 누군가와 말을 나누며 웃기만 한다. 그런데 갑자기 어디선가 파란 옷을 입은 사람들이 들어온다. 구청장 후보란다. 그런 사람이 올 거라고 말해 준 사람은 없었지만, 올 거라고 짐작은 했었다.

그 사람 말고도, 가수들이 연이어 무대에 오르듯 양쪽 진영의 구청장 후보며 시의원 후보들이 엇갈려 들어와 소신을 말하고 간다. 대부분 처음 보는 사람들이고, 그 중엔 젊은이도 있다. 우리는 방청객 모드로 전환됐다.

  그러다 어느 순간 한 여인이 골프 얘기를 꺼내니, 아저씨들이 이 때다 하고 말을 이어간다. 우리나라에 골프장이 548개가 있는데 그 중 400여 개를 가 봤다는 누군가의 말에 나는 아! 예! 하며 고개를 끄덕거린다. 숫자의 힘은 막강하다.

  '네 명이 나가면 백만 원이 든다던데요' 하니, 백만 원이 뭐냐며 일인당 삼십씩은 경비로 쳐야 한다고 펄쩍 뛴다. 25만원이나 30만원이나 거기서 거기 아닌가? 속으론 거기서 거기 아니냐며 궁시렁대면서 겉으론 뭘 몰랐다는 얼굴로 고개를 끄덕인다.

  '살림 거덜나겠는데요' 하고 웃기는 소리를 하고 싶었지만 쪼잔해 보일까 봐 참았다.

  세무서장이란 사람은 전직(前職)이라니 다행이었다. 현직이었다면 자영업자인 나는 어느 구석 자리로 옮겨 앉고 싶었을 거다. 회원 한 명이 청담동으로 사업장을 옮겼다고 화제를 돌린다.

  이곳과는 완전히 다른 분위기라, 사업이 너무 잘돼 아예 집까지 이사 갔다고 아무도 안 물어본 말을 대답해 준다. 아니 청담동으로 집까지 옮겼다고? 대단하다고 말해주려는데, 누군가가 냉큼 내가 하려던 말을 해버린다.

청담동으로 이사 갔다는 사람은, 사업장을 옮긴 게 신의 한 수였다며, 옆에 앉은 사람을, 온라인 부동산카페 대표라고 소개한다. 그 사람은 회원도 아닌데 식대만 일인분 올렸다.

전직 세무서장은 풍수지리를 잘못 골라 앉아서 이리저리 멀리 다니며 술을 권한다. 소갈비를 마냥 먹을 수 없으니 그쯤에서 마무리가 돼 간다.

회장이 일어나서, 모두 참석해줘서 감사하다고 인사하니 모두들 박수를 치며 갑자기 파장이 돼 버린다.

다들 서둘러 일어난다. 식당 앞에서 헤어질 때가 문제다. 진짜 얘기는 서너 명이 남았을 때 오가는 법 아닌가? 커피나 한 잔 하자고 하니, 뒤로 물러나는 분위기이다.

술을 마시거나 노래라도 하면 모를까 커피는 별로인가 보다. 그래서 나도 걸음을 옮겼다. 집이 저쪽이라며 반대쪽으로 멀리 가서 택시를 잡는다.

건너편에서 보니 커피파는 전멸한 모양이다. 끼리끼리 술을 마시러 가는 게 보인다. 끝까지 있지 않아도 되는 게 모임이다.

  예전엔 종일 이번 달 회비 얼마라며 걷으러 다니며 노트에 볼펜으로 한 명 한 명 체크하면서 번거롭던 회비 추렴도 5분만에 카톡으로 완료된다.

  몇 년만의 모임이 피곤했었는지 눈을 잠시 감아본다. 몇몇 사람들은 진심 반가웠다. 그들의 눈인사와 손인사가 눈에 선하다. 나는 언제까지 모임에 나올 수 있을까?
  주류도 비주류도, 술파도 커피파도 떠난 거리에서 나는 택시에 오른다.

04
바람이 불어오면 귀 기울여봐!

ⓒ박정원 2024

4

 결혼을 하고 집과 가게에 묶여 있던 내게, 처음 외출할 명분을 준 것은 '학부모 모임'이었다. 나는 곧 학부모 합창단에 가입했고, 그 이후에는 노래교실을 다니기 시작했다. 그렇게 시작한 노래교실을 코로나 직전까지 계속 다녔었다.

 노래교실도 교실이다. 시간과 장소가 정해져 있고, 출석 결석이 체크된다. 나는 그런 시스템이 좋았다. 매번 누군가를 불러 모으거나 장소를 정하느라 신경 쓰지 않아도 되고, 두어 명만 나타나도 취소나 연기가 없으니 말이다. 한참 못 나가다가도, 그 날짜에 맞춰 가기만 하면 익숙한 얼굴들이 반겨준다. 그동안 별 일 없었느냐, 어찌 지냈느냐, 물어봐 준다.
 비즈니스가 없는 엄마들이라고 집에만 있을 수는 없다. 가족이 그리 많지도 않은데 말이다. 시간 날 때 불러내면

재까닥 나와 줄 사람이 있냐면 그렇지도 않다. 그래서 다들 헬스나 등산이나 골프나 노래교실을 가서 아무나랑 친해진다. 결국 모임만 있다.

  나는 일만 하는 냉면집을 잠시라도 벗어나고 싶은 마음에 학부모 모임도 나가고 노래교실도 나갔다. 그런 곳엘 다녀보니 다른 여자들은 다들 나보다 자유로워 보여 부러웠다. 그러나 오랜시간 지켜보면 시간이 많은 것도 그리 좋은 것만은 아니다.

  행복하기 위해서는 대략 몇 대 몇의 일과 자유가 주어져야 할까?

  나의 젊은 시절은 일할 게 많아 내몸이지만 내마음대로 할 수 없는 묶여있는 날들이었다. 하루 종일 사람을 만나긴 만나지만 손님 아니면 물건 가져오는 아저씨, 일 해주는 아줌마들이었다.

  손님을 상대하지 않는 시간에는 일을 상대하고, 일을 상대하지 않는 시간에는 전화를 상대하고, 전화를 상대하지 않는 시간에는 은행과 돈을 상대하고, 은행과 돈을 상대하지 않는 시간에는 식구들 밥과 대소사를 상대하고... 그야말로 눈뜨면 곧 밤이고, 겨울옷 입다가 짧은 봄이 오면 채 봄옷도 못 꺼내 보고 여름으로 넘어가는 지경이었다. 말을 할 때도, 이 말을 다 끝내기 전에 저기 가서 할 저 말을 생각해야 하는 정신없이 바쁘게 살던 시절이었다.

 나는 우아한 사람들과는 친구가 될 수 없는 처지였다. 그 말이 그 말인 말을 느릿느릿 교양 있게 하는 사람과는 속도상으로도 대화할 수 없었다. 밥도 순식간에 먹어야 하니, 맛을 하나하나 평가하는 미식가들과도 만날 수 없었다.
 그 당시 대단해 보이던 사람들은 저녁 내내 술집에 앉아 한 얘기 또 하고, 한 얘기 또 하며 마냥 술마시며 웃는 사람들이었다. 나도 그런 자리에 끼여 앉아 웃고 싶은 마음 굴뚝같았지만, 그렇게 마시다가는 술병이 나기도 전에 일이 밀려 일에 깔려 죽을 판이었다.

 젊디젊은 그때는 몰랐다. 앞으로 주체하지 못할 자유시간이 몰려오리라는 것을 말이다. 나이 들어서 시간에 깔려 죽을 판이 되고 보니 알겠다. 그 시절 우리 시어머니가 왜 내 뒤를 따라다니며 일일이 묻고 일일이 말씀하셨는지.
 그 옷은 언제 샀냐고 묻고, 내일은 목사님이 오신다고 알려주고 무릎이 아프고 허리가 아프고 속이 아프다고 한숨 쉬시고...
 그러면 나는 말없이 얼른 파스 붙여 드리고 소화제도 사오고, 내 옷이랑 비슷한 걸로 옷도 사다 드리고 목사님 잘 드시는 과일과 케이크랑 감사 봉투도 준비해 놓았었다.

그집 며느리 괜찮더라는 소리 듣던 청춘이 가고 지금은 나도 할머니가 되어 있다. 노년의 시간이 끝이 없을 거라는 게 눈에 보이고, 시간의 바다에 빠져죽게 생긴 사람들이 많다는 걸 알게 됐다.

그렇다고 다시 젊어지고 싶지는 않다. 그 시절로 돌아가고 싶지는 않다. 오히려 청춘이었을 때 어서 나이들어 모든 책임을 벗어나고 싶어 했던 것 같다.

식당 일은 벽돌담 쌓는 일이나 마찬가지다. 담장이 조금씩 높아지는 게 눈에 보이니 하게 된다. 식당일은 몸을 구부리고 허리를 들썩이며 물을 적셔가며 씻고 까고 벗기고 다듬고 썰고 담고 버무리고 꺼내고 넣고 버리는 일들의 반복이지만, 그 일을 결국 해낸다는 게 마치 일과 결투하는 듯 시간과 싸움하는 듯 나만의 예정표가 눈에 보인다.

재료를 갖다 주는 아저씨가 납품하고 간 산더미 같은 야채들을 각자의 일거리로 나눈다. 느린 아줌마는 느릿하게 빠른 아줌마는 빠릿하게, 각자의 속도로 일을 해나간다. 나는 마치 공장장처럼 이쪽저쪽을 다니며 그들의 일을 결합시켜 완성품을 만들어낸다. 일을 마칠 때면 뿌듯하지만 내일도 모레도 똑같은 일이 반복된다. 나는 사람들에게 끝없이 일만 시켜야 한다. 빨리 하라고 다그치고 모른 척 해야 한다. 식당일 중엔 사람 쓰는 일이 제일 힘들다. 폼 나는 직장이 아니니 사람은 자주 바뀌고, 나는 낯선 얼굴들에게 일 하라고 말하기가 점점 힘들어진다.

일 하겠다는 사람을 그만두게 해야 하고, 그만두려는 사람을 설득해 잡아야 한다. 누구 하나라도 시간 내에 자기 일을 끝내지 못하면 온 종일 바쁘다. 아줌마들은, 오랜 시간 한자리에서 일을 못 끝내고 주물럭거리는 사람과는 같이 일 못 하겠다고 난리다. 나는 일 못 하는 아줌마의 침략을 막아야 한다.

유난히 피곤했던 날이 저물고 밤이 되면 내가 뭐하려고 이러고 사는지 모르겠다는 현타가 밀려온다. 시간은 어느새 다 지나고 남은 길은 가보기도 전에 벌써 알아버렸다. 누구의 노년이든, 만만치 않게 외롭다는 걸 말이다. 거기다 무릎은 꺾이고 이러다 집에만 갇혀 있을까 두렵다.

코로나 시대가 되고는 나이를 실감했다. 코로나로 아무도 안 돌아다니는데 식당이나 카페를 다니다 보면 내 또래는

단 한 명도 없다. 목숨이 아까운 건지, 못 나가게 하는건지 중년여자들은 안 돌아다닌다. 늦은 밤 전철 안에서 문득 돌아보면 술 마시고 귀가하는 청춘들 틈에 나 혼자 중년이다. 나는 청춘열차에 무임승차한 사람처럼 마스크를 더 올려 쓴다. 내가 밤늦도록 코로나를 무릎쓰고 다녀도, 아무도 알지 못한다. 엄마, 어디야? 라거나 엄마 밤늦게 다니지 마! 라거나, 엄마 오늘 뭐했어? 라고 콕 집어 물어보지 않으니 말이다. 이러다 혹시 불의의 사고라도 나면 그때는 화를 버럭 내겠지! 집에 가만이 있지 왜 밤 늦게까지 돌아다니냐고.

전철에 가득한 젊은이들도 다 누군가의 자식들이리라. 그들은 마스크를 쓴 채 핸드폰만 들여다본다. 가끔씩 경로석에 앉은 이들만 핸드폰으로 말한다. 누구를 만나러 가는 중이라든가, 누굴 만나고 집에가는 중이라고...
   그들은 누군가에게 자기의 위치와 상황을 알려주고 싶어한다.

젊은 시절은 바람처럼 흘러갔다. 나는 바람이 불어오면 귀기울여 볼 거다. 정말 작은 것에 행복하고 그리워지는지 말이다.
   그러나 아직은 바람이 불면 우산부터 챙길 것 같다. 부정맥과 혈압으로 높아진 혈류들이 두근두근, 벌렁벌렁 뛰는 가슴을 열정인 건가? 헷갈리며 말이다.

05
내 이름은 경미

5

 내 이름은 본명이다. 부모님이 지어주신 이름이 경미였고 그 이름으로 이십 몇 년간 불렸다. 그러다 결혼을 하며 갑자기 이름이 많아졌다.

 에미야, 여보, 올케...
 이름이라기보다는 호칭이다. 복잡하고, 어색한 그 모든 호칭들. 우리나라도 톰이나 제리처럼 무조건 이름으로 불리면 어떨까?
 우리 아버지가 엄마를 부르던 호칭은 '경미 엄마'였다. 내가 태어나기 전에는 여보, 당신이라고 불렀을 것이다. 그러다가 딸이 하나 태어나자 금방 누구 엄마, 누구 아빠로 바뀐 거다. 동생들이 셋 있었지단 그 애들 이름을 붙여 누구 엄마로 부르는 건 들은 적이 없다. 자식 넷의 공동 부

모이건만 마치 나 혼자만의 부모인 양 경미 엄마, 경미 아빠였다. 내가 집을 떠났어도, 심지어 부모님이 돌아가신 뒤에도, 우리집은 경미네 집이고, 우리 부모님은 경미 엄마, 경미 아버지이다.

    나도 딸을 낳고는 '선우 엄마'라고 불렸다. 어른 대접을 해준다는 의미도 있었을 것이다. 그런데 친정 쪽 친척들 중에는 내 딸 이름을 외우지 못해, 계속 경미야, 라고 부르는 분들도 있다.

  그분들은 아주 어릴 때부터 나를 보아온 분들이다. 그분들은 부모님 때의 이야기부터 다 아는 분들이다. 아무리 오랜만에 만나도, 심지어 얼굴을 못 알아볼 지경이라도 '경미'라는 이름 한 마디면 내가 누구인지 안다. 모든 얘기를 다 기억해 낸다. 그래서 나는 누구 엄마라는 호칭보다 이름을 불러주는 게 더 좋다. 경미야!, 라는 한 마디 안에 내가 들어있는 것 같다.

 요즘은 개명을 하는 사람들이 꽤 있는 모양이다. 여간해서 불릴 일 없고 써먹을 일도 없는 오래된 이름을 가진 사람들이, 새삼스레 누구한테 이름을 말해주려는 건지 새 이름을 원한다. 50년대 초반부터 60년대 초반 사이에 지어진 이름 중에는 세련된 것이 별로 없다. 김막둥 여사, 이순자할머니가 그들의 본명이다. 점이 있다고 점례, 딸 그만 낳으라고 끝년이. 티비에 나왔던 후남이나 종말이는 그중 나은 편이다.

 그러고 보니 개명에 관한 재미있는 얘기를 양평 사는 친한 언니에게서 들었다. 그 언니는 마을의 촌무이다. 군청에서 지원해주는 비료나 각종 물품을 각 가구에 할당하고 양평 지자체에서 주최하는 여름 물놀이 행사에서 부침개를 부치거나 커피를 파는 자원봉사에 주민들의 참여를 독려하기도 하는 마당발 언니이다.
 민과 관 사이의 중간책이라 전달할 것이 하도 많아 전화기를 손에 들고 산다. 싸인 받을 일도 많아서 파일을 들고 집집마다 찾아다니기도 한다.

 언니네 동네는 서울 각 지역에서 이주해온 타지인들이

원주민보다 더 많이 사는 단지이다. 그 동네의 주민구성은 독특하다. 아이들 학교나 결혼을 다 해결하고, 분주한 삶의 단계들을 다 밟은 뒤에 주변을 정리하고 온 사람들이 대부분이다.

별장처럼 가끔 내려오는 사람도 있고, 서울집을 아예 처분하고 상주하는 사람들도 있다. 관리를 잘 해서 잔디도 나무도, 상태가 좋지만, 집은 거의 비어 있다. 그래서 서로 친해질 기회는 별로 없다.

속속들이 인생스토리를 알게 되는 경우도 거의 없다. 그나마 울며 겨자 먹기로 총무역할을 맡은 언니만이 가가호호 접촉을 하고, 거주민들에 대해 알게 되는 셈이다.

그곳에서는 왕년에 호칭이 화려했던 사람들도 모두 이름으로 불린다. 십년 전쯤에 강남에서 이주해온 한 여인은 자기 이름이 경화라고 했다. 분명 서류에는 딸 그만 낳으라는 의미의 끝녇이라는 옛날식 이름이었는데, 본인이 경화라고 불러 달라니 그렇게 부를 수밖에 없었단다.

그런데 이 여인이 2차로 이름을 바꾸어 이제부턴 수진으로 불러 달라고 하더란다. 이건 정식 개명절차를 밟은 이름이라고 부연설명까지 하면서 말이다.

자연을 즐기며 한가하게 살고자 멀리까지 왔으면서, 이름에 왜 그리 연연할까? 자연에 와보니 너무 자연만 있어 사람을 찾아 다시 공동체 안으로 들어가고 그 새로운 공동체 안에서 누가 누구이고, 뭐하다 온 사람인지를 쑥덕대는 거다.

어쩌면 이름을 몇 번이나 바꿀 때는, 새로운 인생을 시작하고픈 마음인지도 모른다. 아니면 살아온 과거를 지우고 싶거나...

어쨌거나 언니는 그때부터 그녀를 수진 씨라고 불러줬다. 이유 같은 건 묻지 않았단다. 나는 솔직히 그 이유가 궁금해서 투덜댔다. 사기꾼 아냐? 이름을 왜 자꾸 바꿔? 하고 묻는다. 그런데 언니는 그게 다가 아니란다.

최근에 이사 온 다른 이웃이 수정 씨가 어쩌구, 수정 씨가 저쩌구 하기에, 수정 씨가 누군가 했었다. 알고 보니 수진 씨가 그새 이름을 한 번 더 바꾸어 수정 씨로 변해 있었는데, 언니는 그런 줄을 모르고 있었던 거다.

한 사람을 두고 주민들 중 일부는 수진 씨로, 다른 일부는 수정 씨로 알고 있었다니...

이래저래 짜증이 난 언니는 그냥 서류에서 봤던 최초의 이름으로 부르기로 했단다. 안 그래도 바쁘고 피곤한 언니를 쓸데없이 헷갈리게 한 데 대한 소심한 응징이다!

그런가 하면 자녀를 결혼시키며 이름을 고치는 사람들도 있는 모양이다. 청첩장에 쓰기엔 웃긴 이름도 있을 테니 말이다. 아는 엄마의 딸이 결혼하는데 청첩장에 시어머니 이름이 수지라고 적혀 있어서 놀란 적이 있다.

 그 시대엔 영자, 춘자가 보통인데 수지라니 엄청 수준 있는 가문인가보다 했다. 그런데 수지라는 이름치곤 얼굴이 너무 안 어울린다며 소곤댔었다. 결혼식을 치르고, 며느리가 그 집안 사람이 되고 알게 된 시어머니의 본명은 수지가 아니었다.
 결국 박막례 김끝녀 식의 본명은 며느리의 입을 통해 친정으로 전해졌고, 하객으로 참석했던 우리들 모임에까지 알려졌다. 우리는 이름을 듣고, 진짜 개명할 만하다며 웃어젖혔다.
 사실 청첩장에서 이 이름을 봤더라면, 그 시절에 충분히 있을 수 있는 이름이라고 넘어갔을 텐데, 괜히 어울리지 않는 개명을 해서 사람을 두 번 웃긴 거다. 하긴 이름 바꾸는 게 대순가? 얼굴도 맘대로 바꾸는 세상인데. 이름도 얼굴도 싹 바꾸고 새 인생을 펼치는 사람도 있긴 하다. 그럴 때 스님이나 역술가 작명가가 열일한다.

 나는 내 이름이 괜찮다. 마음에 든다기보다는 견딜 만하다는 뜻이다. 우선 두드러지지 않아서 좋다. 이름 석 자로 불릴 일도 별로 없는데 괜히 트렌드를 좇아 개명했다가 헤매기 싫다.

그런데 정말 자식의 이름을 이상하게 짓는 사람들은 왜 그런 걸까? 불릴 때마다 스트레스를 받는 특이한 이름을 지어준 특이한 부모님들은 대체 무슨 생각으로 그런 사고를 친 거냐고 묻고 싶다.

무성의하고 허접한 이름은 또 왜 그런 걸까? 십년 넘게 알고 지낸 사람 중에 아직도 본명을 말해주지 않은 사람도 있어 신기하지만, 오죽 별난 이름이면 그럴까 싶다. 어차피 누구 엄마로 충분하니까 그녀의 진짜 이름을 굳이 캐묻지는 않는다. 그러나 가끔, 그 부모님은 애초에 왜 아무도 몰라야 하는 그런 이름을 지었을까 싶을 때가 있다.

나이가 이만큼 들어보면, 그 시절 내 부모님이 나보다 훨씬 어린애였구나 싶을 때가 많다. 어린 나이에 갑자기 부모가 되어 막막한데 이름까지 멋지게 지어줄 여력이 있었을까? 냅다 아무 이름이나 질러놓고, 뒤늦게 책임감을 가져보려 뼈를 깎는 노력을 했을 것이다.

그나마 우리 부모님은, 전혀 이상하지 않은 이름을 지어주셔서 감사하다. 이 듬직한 이름으로 나는 노년의 길을 걸을 예정이다. 지금에 와서 대뜸 서연이라든가, 지희라든가, 건희나 가인이로 바꾼다고, 그 이름 알뜰살뜰 불러줄 사람도 없다.

　난 아무것도 바꿀 마음이 없다. 그러나 어떤 사람은 인생을 통으로 갈아엎고 새 출발을 하고 싶을지도 모른다. 마음에 쏙 드는 새 이름으로 바꿔야만 새 출발이 가능하다고 생각하나보다. 나는 양평 언니에게, 수정 씨를 수정 씨로 그냥 순순히 불러주라고 했다.
　지금껏 살아온 나라는 익숙한 존재가 증발할지도 모른다는 위험부담을 안고도, 내가 원하는, 새로운 이름 속으로 뛰어드는 행위이니까.

　막둥이, 춘자, 개똥이 같은 이름을 간직한 채 꿋꿋이, 당당히 살아온 육십대들도 대단하지만, 이 사람에겐 이 이름, 저 사람에겐 저 이름으로 통하면서도 헷갈리지 않는 수정씨도 박수를 보낼 만하다.
　그러나 양쪽 어느 경우에도 해당되지 않는 평범한 이경미는 그저 살아오던 대로 살아가련다. 경미 하면 떠오르는 그 모든 것들을 온몸으로 이고 지고, 갈 데까지 가보련다.

06
e스포츠

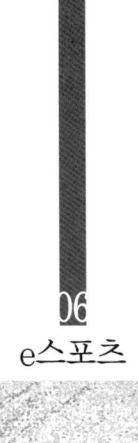
©박정원 2024

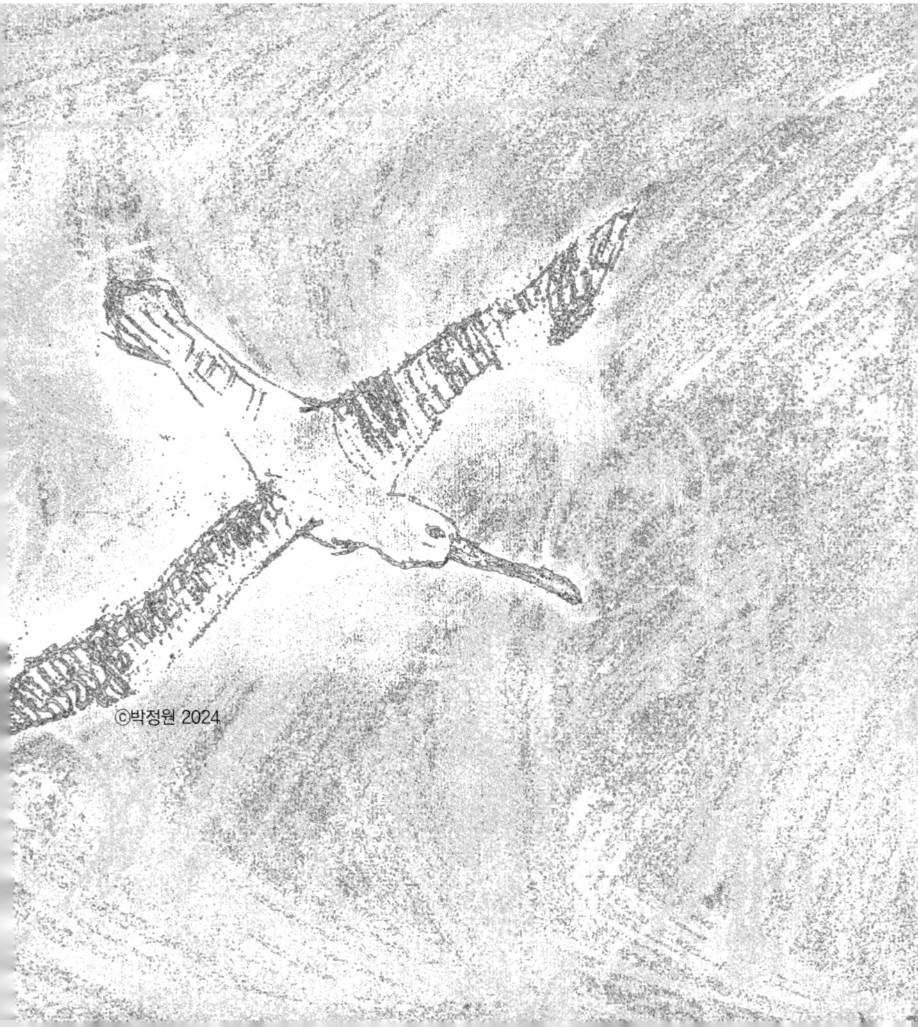

6

 롤 게임, 축구게임, 야구 게임, 골프 게임, 테니스 게임...

 가족끼리 모여 밥을 먹고 나면 쌍둥이가 제 이모부한테 게임 한 번 하자고 부탁한다. 큰 딸과 같은 아파트 위아래 사는 작은 딸은 제 집에 올라가 게임기를 가져오고, 티비와 연결해 축구 게임을 시작한다. 옛날 자동차의 기어처럼 생긴 스틱의 위아래 좌우 버튼을 자유자재로 누르며 아이들은 게임을 시작한다.
 물론 나는 전혀 흥미도 없고 알고 싶지도 않다. 손과 머리가 따로 놀아 피아노나 바둑도 배우기 힘든 나이인데 조이스틱인지 뭔지에 도전할 엄두는 안 난다. 눈과 머리보다, 손이 본능적으로 알아서 먼저 움직여야 하는 게임이라는 걸 일 분만 지켜봐도 알겠다.

그래도 아직 어린 쌍둥이는 내게 설명을 한다.

"할머니! 저건 손흥민 캐릭터예요. 똑같죠? 저건 메시, 루니, 아자르, 호날두예요."

이 팀은 유벤투스고 저 팀은 파리 생제르맹이고 또 저쪽 팀은 영국의 아스날, 맨체스터, 리버풀, 첼시라며 수많은 축구팀 이름들을 좔좔 말한다. 아마 전 세계 유명 축구팀은 다 꿰고 있나 보다. 그 많은 축구 선수 이름과 포지션 국적을 싱싱한 기억력의 힘으로 모조리 외고 있는 것 같다. 쌍둥이는 나도 같이 흥분하고, 같이 외울 거라 생각하며 대화를 끌고 간다.

엊그제 리버풀과 첼시의 경기를 봤느냐며, 자기들은 당연히 새벽 세 시에 일어나서 봤다고, 경기내용을 상세히 복기한다.

나는 경기를 보지도 않았고, 관심도 없다. 아이들이 하는 말을 전혀 못 알아들어도 상관없고, 알아듣고 싶은 절실함도 없다. 일방적인 대화이다.

그러나 나의 딸들은 다르다. 축구뿐 아니라 야구까지 섭렵했다. 축구 정도는 나도 같이 볼 수 있지만, 야구는 정말 벽이 느껴진다. 스트라이크인지 볼인지를 가려내지 못하니 애초에 취미가 생기질 않는다. 봄부터 가을까지 야구 중계를 몇 시간씩 할 때는 그 중계 소리가 듣기 싫어서 집을 나가고 싶을 때도 많지만, 딱히 갈 곳이 없어 꾹 참곤 한다.

나는 스포츠를 즐기지 않는다. 음악프로도 드라마도 별로 안 보는 편이지만 스포츠 프로는 더더욱 안 본다. 하긴 관광프로나 요리프로도 별로 즐기지 않는다. 나는 티비로 뭔가를 진득히 오래 보지 못한다.
내가 직접 운동을 하든지 노래를 하든지, 어디를 가든지, 뭘 먹든지 하는 게 좋다. 특히 사람들이 모여 있을 때는, 사람끼리 대화를 하는 게 좋치, 티비 시청을 하는 건 별로다.
그런데 요즘은 티비보다 더한 게 게임이다. 사위랑 쌍둥이가 축구 게임을 하면 나머지 사람들은 조금 심심해진다. 응원을 하려고 해도 규칙을 모르니 낄 수가 없다.
'저러다 혹시 중독되는 거 아니야?'
할머니처럼 소곤소곤 듣기 싫은 잔소리를 할 때도 있다.
그러나 내 잔소리는 힘이 없다는 걸 안다. 게임 산업은 거대 산업이다. 그 힘을 누가 막겠는가? 아이들은 누구나

게임을 한다. 그런 거 안 하거나 못 하면 끼어서 말할 데도 없을 만큼, 세상은 게임으로 물결치고 있다. 우리 어른들이 정치인 얘기하고, 연예인 얘기하듯 아이들은 게임 얘기를 하는 거 같다.

 이번 일요일엔 전세계 롤 올림픽 결승전이 열린단다. 롤 올림픽은 우리가 아는 올림픽과는 다른 올림픽이다. 축구나 야구가 아닌 롤게임으로 경쟁하는 e스포츠이다.
 물론 우리 세대는 전혀 알지 못하고, 몰라도 되는 대회이다. 그러나 애들이나 젊은이들은 진짜 올림픽보다 더 열광하는 게 롤 올림픽이란다.
 e스포츠 선수가 애들 사이에서는 선망의 대상이라고 한다. 엄마에게 잔소리를 들으며 게임에 몰두해 있는 청소년들 중 누군가는 그런 e스포츠 선수가 될지도 모르는 일이다.

 우리 세대는 게임을 모른다. 간혹 지하철 옆자리의 삼사십대 젊은이들이 게임화면을 들여다볼 때, 곁눈질로 그걸 엿본 정도가 내가 게임을 접하는 순간이다.
 그나마 조카가 게임회사에 취업을 하는 바람에 나는 '롤게임'이라는 말을 들었다. 조카가 취직했다는 말을 들었을 때, 나는 순진한 얼굴로 물었었다.

뭐하는 회사니? 너는 무슨 일을 하니? 그 때 조카는 설명하기 난감했을 것이다.

이번 롤 올림픽에 조카는 영상팀으로 가게 됐다. 자기 팀이 이기면 미국에 있을 거고, 지면 바로 짐 싸서 이코노믹 타고 돌아올 거라며 떠났는데, 그 팀이 결승까지 가게 된 거다.

강한 팀들이 많아서 곧 돌아올 줄 알았는데 9월에 가서 11월까지 머물게 되었다. 조카가 하는 일은 경기와 일정을 영상으로 만들어 유튜브에 올리는 일이다.

그 말을 듣고 나도 꼭 봐줘야겠다는 생각이 들었다. 영어로 하는 유튜브 채널을 물어 물어, 귀로는 못 듣고 눈으로만 관람을 시작했다.

전 세계 롤 올림픽 결승전이라는데, 놀랍게도 맞붙은 두 팀은 모두 우리나라 팀들이었다. 전세계 롤 마니아들이 추종하는 절대강자라는 페이커의 팀과 신예라는 데프트가 주장인 팀. 진짜 이름은 상혁이와 혁규란다.

마포고 동창인 동갑내기들인데, 일찍 학교를 자퇴해서

서로 잘 모른다는 배경설명도 듣는다. 우리나라가 IT 강국에 게임 강국이라더니, 헛소문이 아니었나 보다.

미국의 유명선수도 알고 보면 미국계 아시안들이란다. 머리 회전이 빠르고, 특히 손이 빨라서라고 하지만, 내 생각은 좀 다르다. 아시아사람들은 사는 게 너무 심심하고 단조로워서 게임에 빠진 게 아닐까? 혼자 이상한 선입견을 갖는다.

여하튼 샌프란시스코의 농구장에서 개최된다는 결승전이 유튜브를 통해 전세계에 실시간으로 중계되고 있다. 우리 세대와 달리 젊은이들의 열기는 대단한가 보다.

휴대폰으로 중계한 네이버는 세 시간동안 먹통이 됐을 정도란다. 나는 고모의 마음으로 젊은이들 판에 끼여 핸드폰으로 보기 시작했다.

그러나 아무리 들여다봐도 뭐가 뭔지 모르겠다. 내가 안 본 거, 아무도 모르겠지? 하는 심정으로 시청을 중단했다.

내가 눈을 돌린 사이에 이변이 일어났다. 생애 첫 우승에 도전한 조카의 회사인 디알엑스 팀이 세계 챔피언 페이커의 팀을 이겼다. 전부 5회전을 했는데 4회전까지 2대2로 있다가 마지막 회에서 전 세계 사람들의 예상을 깨고 이겼다는 거다.

나는 순전히 혈육의 정으로 감격했고, 기꺼이 축하를 했다. 유튜브를 찾아서 피날레 장면을 보니 조카가 무대 뒤에서 뛰어나오는 게 눈에 뜨인다.
　여러 젊은이들이 무대로 동시에 뛰어나오는데도 조카는 한 눈에 보인다. 키가 큰 그 아이가 두 팔을 번쩍 올리고 펄쩍펄쩍 뛰며 좋아하니 나도 그냥 좋다. 이 아이가 맞냐고, 사진을 캡쳐해서 딸에게 보내니, 딸아이는 동그라미까지 쳐서 '현재'가 맞는다고 답장을 보내왔다.

　신기한 시대에 왔다. 뭐가 뭔지도 모르는 e스포츠 경기장에서 조카의 모습을 찾느라 열심히 유튜브를 앞뒤로 밀어본다.
　모든 건 아는 사람과 모르는 사람의 차이일 뿐인가? 조카 덕분에 페이커도 알고 디알엑스팀도 알고 데프트에 제카까지 외웠다. 나중에 조카한테 부탁해 그 유명한 페이커와 제카 싸인을 얻어야겠다.
　시대의 물결에 떠밀려 간다.
　모르는 건 모르는 채로, 포기할 건 포기한 채로…

07
연극관람

7

띠리리!

큰딸의 전화다. '그래.' 하고 받으니 대뜸 '엄마, 오늘 올 거야?' 한다.

오늘 뭐지? 잠깐 머리를 굴려 봐도 잘 모르겠다. 나는 아리송하게 얼버무려 대답한다.

"왜? 맛있는 거 해놨어?"

"아니! 오늘 애들 연극 발표회잖아!"

아, 그거? 나는 킥 웃으며 묻는다.

"오늘이 그날이야? 몇 신데?"

"네 시에 시작이야."

"네 시면 다 됐잖아?"

나는 얼른 웃옷을 걸쳐 입고 집을 나섰다. 택시는 생각보다 빨리 잡혔지만 도로가 꽉 막혔다. 즐 서서 기다리기만 하는 기사아저씨가 답답해서 우측 골목으로 들어가서 좌회전한 뒤 큰 도로와 만나는 길로 나가자고 해봤다. 다행히 아저씨가 내 말을 들어주어서, 잽싸게 목적지에 도착하긴 했다. 그런데 그 장소가 생각보다 너무 넓고 건물이 여러 동으로 흩어져 있었다.

이런 데서 무작정 내렸다가는 십리나 더 걸어 들어가야 되기 십상이다. 예전 같으면 그러거나 말거나 택시에서 뛰어내리고 봤겠지만, 지금은 무릎이 아파서 자신이 없다. 기사아저씨에게 고장난 무릎 얘기까지 하며 부탁을 했다. 건물 바로 앞까지 좀 들어가 달라고.

뺑덕 어멈 같은 부탁에도 착한 기사님은 화를 내지 않는다. 인적 드문 곳에서 저 멀리 지나가는 사람을 큰소리로 불러서 내가 가야 할 건물을 물어보신다.

테니스코트를 끼고 올라가면 된다는 대답을 듣고, 그 말대로 오르막을 오르는데, 하필이면 그 길에 크레인 차가 작업중이다. 도로에 고깔을 놓아 더 이상 진입하지 못하게 해 놨다.

'더는 못 들어가겠는데요.' 하는 아저씨의 목소리를 듣기도 전에 내 눈이 더 빨리 사태를 파악했다. 젠장! 여기가 대체 어디람! 나는 고맙다는 인사를 하고 그 곳에서 내린다. 개미새끼 한 마리 없어서 어디 물어볼 데도 없는데, 마침 뒤쪽으로 차가 한 대 들어와 서더니, 한 남자가 내린다. 차에서 내린 남자가 바바리를 걸치더니 앞장서 걷고 중학생으로 보이는 아들이 츄리닝 상의에 손을 푹 찔러 넣은 채 따라 걷는다.

그들에게 내가 찾는 건물의 긴 이름을 대며 혹시 거기 가시냐고 물으니, 그렇다고 한다. 다행이다. 나는 그들 곁을 슬며시 따라붙으며 중학생에게 묻는다.

'동생 연극하는 거 보러 왔니?' 하니 학생은 그렇다고 한다. 아, 잘 됐다. 안심이 된다. 오르막길을 다 올라가니 중학생이 여기 같다고 말한다.

마침 딸이 문앞에 나와 있다가 엄마! 빨리 왔네! 하며 다가온다. 나와 같이 온 아저씨와도 아는 사이인 듯, '어머머 **아빠 오늘 멋지게 하고 오셨네요.' 하고 중학생에게도 이름을 불러주며 오랜만이라고 한다.

바바리 아저씨와 나는 갑자기 한 다리 건너 아는 사이가 되어 뒤늦게 서로 고개 숙여 인사를 나눈다.

그러나 인사치레가 그 이상 번잡스러워지는 건 싫어서 급히 공연장 안으로 들어간다.

안에 들어가 보니 젊은 엄마들이 관객석에 가득하다. 부부가 다 온 집, 가족들이 총출동한 집들도 보인다. 문득 옛일이 떠오른다. 딸이 어린이회관에서 피아노발표회 하는 거 보러가던 내 젊은 엄마 시절 말이다.

마치 어떤 향이 코끝을 스치듯, 겨우 1,2초 동안, 나는 그 때로 잠시 돌아갔다가 현재로 다시 돌아온 느낌을 받았다. 수십 년의 시간이 흘렀음에도 예나 지금이나 분위기는 다를 바가 없다. 웅성웅성, 열기와 어수선함으로 들떠 있는…

사위는 객석에 미리 자리잡고 앉아 있었다. 확실히 이런 데에 오는 젊은 아빠들이 예전보다 늘어나긴 했다. 맨 앞줄엔 어느 나라의 전통 의상을 입은 아이들이 무대에 오를 준비를 하고 앉아 있었는데, 가만히 보니 이십여 년째 광진구에 터잡고 있는 몽골학교 학생들이다.

우리 쌍둥이들은 몇 번째 순서냐고 물으니, 두 번째란다. 프로그램을 주기에 받긴 했지만 글씨가 잘 안 보인다.

드디어 막이 오른다. 첫 번째 순서로 실내악 앙상블 연주가 시작되었다. 연주자들은 여덟 명의 광진구 주민들이다. 일주일에 두 번씩 연습을 해왔다는 그들은 무표정한 얼굴로 세 곡을 연주했다. 어른들이라 그런지 가족들은 아무도 안 온 것 같다. 형식적인 박수소리가 들린다.

두 번째 팀은 연극팀이다. 쌍둥이들을 포함한 여덟 명의 어린이 배우로 구성되어 있다. 그들 역시 두 달 동안 연습했다고 들었다. 내 눈에는 쌍둥이만 보였다. 두 아이는 무대 위의 위치도 나란히, 바로 옆이었다.
연극의 제목은 〈토끼와 거북이〉인데 우리가 잘 아는 그 이솝우화와는 줄거리가 달랐다. 토끼가 잠든 틈에 거북이가 경주에 이기는 건 다름없다. 그런데 그 거북이가 승리에 의기양양한 것이 아니라 자신이 실력이 아닌 사기로 일등을 했다고 스스로 괴로워한다는 각색된 내용이다.

쌍둥이가 맡은 배역은 주인공인 토끼와 거북이는 아니었다. 주변 인물이었다. 토끼와 거북이 말고도 해설자와 아나운서가 있고, 우측에서 춤추고 대사하는 두 인물이 있고, 좌측에서 춤추고 말하는 우리 쌍둥이들이 있었다.
다들 잘 했지만, 아나운서 역을 하는 어느 집 아들이 꽤 잘한 것 같다.
그때 갑자기 내 전화기 화면이 확 밝아져서 나는 깜짝 놀라 급하게 전화를 꺼버렸다. 미안해서 주변을 돌아보니 꼬마 배우 여덟 명의 엄마들은 눈을 반짝이며 무대쪽만 보고 있다.

나는 무대에 선 쌍둥이의 할머니로서 연극에 집중했다. 쌍둥이는 뒤로 갈수록 더 자연스럽게 대사와 춤을 소화해 낸다.

젊은 부부들 사이에 끼어 관람하려니 세종문화회관에서 알지 못하는 클래식 음악을 듣는 듯 조심스럽다.

이 젊은 부부들이 쌍둥이네랑 서로 잘 아는 학부모들이려니 생각하니 행동거지가 더욱 조심스럽다.

그러나 나는 이래도 저래도 어차피 눈에 띄게 돼 있는 '할머니'이다. 나 말고 나이 든 사람은 몽골 전통 의상을 입은 몽골 할머니뿐인 듯하다. 몽골 꼬마들은 '기예'를 무대에 올렸다. 꽤 귀엽고, 제법 잘한다. 구르고 꼬고 매달리고... 내 눈엔 그저 요가나 필라테스인데, 왜 언제 적 말인지도 모를 '기예'라는 이름을 붙였는지 모르겠다.

끝부분에 가서는 어른들의 연극이 펼쳐졌다. 미국의 유명한 극작가가 썼다는 작품 〈의지할 곳 없는 신세〉였다. 어린이들은 뜻도 모르고 지루해 할 내용이다. 의지할 곳 없는 신세라니... 제목만 봐도 세상의 주인공인 듯한 아이들과는 아무 상관없는 얘기이다.

 어쩌면 코로나 때문에 삼 년이나 발표를 못해서, 아무 무대에나 올린 건가도 싶다.

 마지막으로 초등학생 이삼십 명으로 이뤄진 메리크리스마스가 아닌 미리크리스마스 캐럴 합창곡을 들으며 한 시간 반 정도의 공연이 모두 끝났다.

 젊은 엄마들은 밝고 사교적인 목소리로 서로 인사를 나눈다. 쌍둥이 아빠도 몇 명은 알고 지내는지, 인사를 나누는 중이다. 나는 슬며시 출입구를 빠져나와 바깥에서 애들을 기다린다. 밥을 사줄 양으로 식당으로 가자니까 제집으로 가자고 한다. 집에 고기가 있단다. 하긴 식당으로 가는 것보다는 편할 것 같다.

 집에 와서 고기를 막 구우려는데 딸의 전화기가 울린다. 오늘 공연을 같이 본 학부모들인 것 같다. 엄마가 있어서 못 나간다고 하는 딸의 목소리가 들린다. 나는 화들짝 놀라며 내게는 신경 쓰지 말고 나갔다 오라고 한다.

 우리끼리 먹을 테니 놀다 오라고. 그러자 딸은 신이 나서 나가도 되냐고 사위와 쌍둥이들에게도 묻는다.

 결국 딸은 나가고, 밥 먹는 멤버는 새로 짜졌다. 나는 사위와 쌍둥이에게 고기 굽지 말고 나가서 햄버거 사먹는 게 어떠냐고 묻는다. 사위랑 두 손주가 '그럴까요?' 한다.

  햄버거 집으로 가려고 나와 보니 아파트 앞에서 젊은 엄마들이 딸을 차에 태우고 있다. 딸은 우리에게 손을 흔들며 떠나고 두 아들은 제 엄마가 떠나니 아쉬운 얼굴이다. 사위와 장모와 쌍둥이로 새로운 멤버가 구성되어 햄버거 집에 들어간다. 햄버거에 감자튀김에 콜라를 시켜 꽉꽉 먹고나도 고작 십분 가량 지났을 뿐이다. 사위가 택시를 잡아준다는 걸 나는 마다했다.

  사거리에 택시 많으니 알아서 가겠다고, 쌍둥이들과 작별인사를 나눈다. 쌍둥이는 또 다시 아쉬운 얼굴이다.

  오늘 쌍둥이는 좀 서운해 할 만하다. 이런 날은 연극이 어떻고 저떻고 얘기도 나누고 애들한테 오버해서 칭찬도 쏟아부어 줘야 하는 건데 애들 엄마가 노는데 눈이 어두워 나가버렸으니...

  하지만 어쩌랴? 한창 놀고 싶을 때지... 하며 나는 집을 향한다.

  오늘은 뜻하지 않게 연극을 두 편이나 관람한 날이다.

  토끼와 거북, 그리고 다른 한 편은 뭐였더라?

  아, 의지할 곳 없는 신세였지...

08
식당 빌런

8

 지하철만큼 다양한 사람들이 드나드는 곳이 식당이다. 식당에 오는 사람을 막을 수는 없다. 이상해 보이니 오지 말라, 가 달라 할 수 없다. 술 먹고 진상을 피워도 오지 말라고 말하기 어렵다. 그런 말을 못 참는 사람은 식당을 하지 말아야 한다.
 하긴 내가 처음부터 식당을 시작한 건 아니다. 나는 결혼을 한 것뿐인데, 그로 인해 식당의 여인이 될 줄 어찌 알았겠나? 그것도 평생토록 말이다.

 지금 생각해 보면 물정을 몰랐다.
 식당 집에 시집오면서 결국 그 일에 뛰어들게 될 줄을 전혀 몰랐다니… 바보 머저리였나 브다. 뭐든 직접 겪고 피해나 이득을 봐야 깨우침이 밀려드는 것 같다. 교과서에서 배운 지식과 교양이 현실에선 배운 대로 되지 않는다는 걸 알게 된다.

　예전에 미국 이민을 가면 마중 나오는 사람에 따라 인생이 바뀌었다고 한다. 세탁소, 타일공, 배관공... 이런 직업을 처음 접한 1세대 이민자들처럼 나 역시 생소한 삶을 맞닥뜨려야 했다. 우선 몸이 고달팠지만, 별의별 사람을 다 상대해야 하는 게 더 힘들었다. 식당은 손님을 가릴 수 없다.
　입국 심사장처럼 신분증을 보자고 호주머니 속 소지품을 꺼내놓으라 할 수는 없다.
　비싼 음식을 팔면 특별한 사람들만 찾아올까? 그러나 나는 아무 뜻 담기지 않은 아무나 들어오는 식당을 운영하고 있다.
　적어도 냉면을 좋아하는 사람일 거라 믿고 말이다. 그런데 어떨 때는 다짜고짜, 냉면 말고 다른 건 없느냐고 묻는 손님도 있다. 냉면집이라고 간판도 걸려 있는데, 굳이 냉면집을 들어와서 냉면 아닌 뭔가를 찾다니 당황스러울 뿐이다.
　백 명 중에 하나씩은 섞여 있는 빌런! 언제 어디에나 갑자기 나타났다 사라지는 빌런! 지하철에도 있듯이 식당에도 있다. 그리고 나는 그 빌런을 '제압' 해야 하는 위치에 있다.

  그날은 이른 시간부터 손님이 많았다. 가뜩이나 정신없이 바쁜데, 어느 순간 내 등 뒤에서 우왕좌왕 소란한 기척이 들려온다.
  돌아보니 아가씨 네 명이 앉으려고 한 자리에 젊은 남자가 혼자 앉아 있다. 게다가 아가씨들에게, 자기 옆에 앉으라며 수작까지 부리고 있다. 술을 마신 게 확실하다. 아가씨들은 회사원인 듯 유니폼을 입었고 청년은 말투나 표정이나 그녀들의 일행이 아님이 분명했다.

  청년에게 저쪽 자리로 옮겨달라고 한다. 그는 움직이지 않다가 이윽고 자리를 옮기기는 했는데, 혼자 앉기엔 넓은 자리에 가서 앉는다.
  식당에만 오면 왕이 되고 싶어지는 사람이 많다. 아줌마는 내게 눈짓과 귓속말로 '이상한 사람'이라고 토스한다. 옆자리에 앉아있던 커플도 '사장님! 이상한 사람인 거 같아요!' 하며 걱정스러워한다.
  순간 나는 울컥한다. 내가 냉면집 주인이지 경찰이나 마약탐지반원이나 태권도 검은 띠는 아니잖나? 이럴 때면 식당주인이라는 직업과 나의 정체성에 대해 회의가 든달까?

내가 만일 경찰이면, 그런 놈은 한 번 조회해 봐야 한다. 태권도 검은 띠라면 한 번 메쳐 봐야 한다. 그러나 그것도 안 될 말이다.

냉면 그릇이 엎어지고 의자며 집기가 다 고꾸라질 일이니 상상으로만 가능할 뿐이다.

남자는 팔뚝이 너무 굵어 혈액순환이 안 된다는 듯, 어깨까지 옷소매를 밀어 올렸다. 아무리 날씨가 좋아도 지금

ⓒ김동숙 2024

반소매 옷을 입을 때는 아닌데, 제 팔뚝의 굵기를 보여 주고 싶나보다. 넓적다리인지 팔뚝인지 헷갈릴 정도다.

 아줌마는 그 남자에게 음식을 가져다주더니 내 곁으로 슬쩍 다가온다. 저 놈이 여기에 마약 탄 거 아니냐고 하더라고, 또 한 번 토스를 한다. 처음 온 집에서, 친한 사이도 아닌데 그런 말을 하다니, '빌런'임을 확신한다. 이 팔뚝 빌런이 무슨 짓을 할지 몰라 마음을 놓을 수가 없다.

 바쁜 와중에 두통이 밀려온다. 손님을 가장한 민폐꾼이다. 우리 식당은 오십 년이 넘은 집이라 이런 빌런들이 걸러지고 걸러졌다. 단골 중에는 이런 사람이 없다. 빌런들을 주로 상대해야 한다면 식당하기 싫어질 것 같다.

 그새 빌런은 가방에서 뭔가를 주섬주섬 꺼낸다. 편의점에서 파는 얼음 컵이다. 거기에 음료를 따른다. 그러고는 다시 가방을 뒤적여 다른 음료를 꺼낸다. 얼음컵에 그 음료를 따르려고 팔뚝을 꿈틀거리며 애쓴다. 시켜놓은 메뉴는 아직 한 술도 뜨지 않았다.

 아무래도 안 되겠다. 나는 그에게 다가가서 '그거 술이냐?' 하고 묻는다. 이 좁고 복잡한 가게에서 술을 더 먹으면 일이 커질 게 뻔하다.

나는 청년에게 술인지 보겠다고 한다. 그렇게 말할 수 있었던 건, 놈의 목소리가 악질 같지는 않았기 때문이다.

악질이 아니어도 술의 힘을 빌리면 무슨 짓을 할지 모른다. 자리에 눌러앉아 있는 것만 상상해도 끔찍하다.

살펴보니 아니나 다를까 그 액체는 술이었다. 나가달라고 말해야 한다. 손님들도 숨죽여 보고 있다. 대낮부터 술에 취해 돌아다니는 건 뭔가 안 좋아서이다. 그냥 두면 저절로 일어설 리 없다. 밥집에서 술 마시고 꽐라 되면 경찰에 신고해야 끝난다. 구청 앞 먹자골목은 매번 경찰차가 와서 취객을 끌어낸다. 술은 술집에서! 라거나 술은 너희 집에서 맘껏! 이라고 써 붙이고 싶다. 나가 달라는 말을 직접 해야 하는 순간이 온 것이다.

그런데 빌런이 벌떡 일어서더니 나가버렸다. 그러자 숨죽이고 있던 손님들이 큰소리로 한마디씩 하기 시작한다. 아이고! 잘 갔네!

'빌런'이란 말은 요즘 들어 알게 된 말이지만, 빌런은 예전에도 있었다. 어쩌면 지금보다 더 흔하게 있던 일인데, 그땐 인터넷 공간이 없어서 알려지지 않았던 것 같다. 식당이라는 직업세계에 뛰어든 젊은 사장들은 예상치 못한

이 빌런들 때문에 당황한다.

  오십년 째 건재한 우리집이 신기하다며, 자기도 식당하는 사람이라고 손님이 말을 걸어온다.

  나는 그들이 겪게 될 애로사항이 안쓰럽다. 그렇게 식당 주인으로 오래 살다보면 반쯤 관상쟁이가 된다. 빌런을 가려내기 위해 나는 손님들의 분위기를 뜯어본다. 혼잔가? 둘인가? 가족인가? 교순가? 구청직원인가? 기분이 안 좋

ⓒ권일채 2024

나? 서로 친군가? 교회에서 왔나? 절인가? 아니면 성당?

  그러나 강력히 의심되는 사람도 식당에 못 들어오게 막을 도리는 없다.

  빌런짓을 시작하기 전까지는 두고 봐야 한다. 그러다 본색이 드러나면 내가 다가가 제압해야 한다. 벌렁대는 심장을 들키지 않도록 조심하며…

  팔뚝 빌런이 밖에서 담배를 피우고 있다고 누군가 내게 알려준다. 그러나 다행히도, 그는 조용히 사라졌다. 자기가 거기 왜 서있는지조차 잊었을 때쯤…

  공사판 줄 타는 노동자 못지않게, 닥치는 대로 일하는 불법체류자의 고독한 삶 못지않게, 식당 주인도 외롭고 위험한 직업이다.

  먼 훗날 내게 남는 건, 산더미같이 쌓인 일들을 해결해내고 수많은 빌런들을 제압하고 살아남았다는 안도감일까?

  빌런이 다녀간 하루다.

09
눈짓 그리고 눈치

ⓒ박정완 2024

9

'그날은 생일이었어 음... 지나고 보니..' 하는 노래를 최성수가 불렀던가? 어디선가 그 비슷한 코맹맹이 같으면서도 달콤한 목소리가 들려온다. 노래소리가 아닌, 말소리.

 돌아보니 두 남자가 카페 안 테이블에 자리를 잡고 있다. 꿀보이스의 남자 A가 핸드폰과 차키를 테이블 위에 놓고 자리에 앉는다. 그 동안 남자 B는 코트를 정리하는 중이다. 남자 A가 가수같은 목소리로 "뭐 시킬까?" 하고 물으니 B가 "아메리카노지!" 라고 한다.

 그 둘은 우리집에 자주 오는 손님들이다. 모 대학 교수들이라고 알고 있다. 그들이 카페에 들어설 때, 나는 얼른 마스크를 올려 얼굴을 감추었다.

 수다 떨러 카페에서 손님을 만나면 곤란하다. 아이고,

반갑습니다, 어머나 웬일이세요? 외에 더 할 말도 없는데, 그렇다고 일어나 나갈 수도 없으니 눈에 안 띄는 게 상책이다.

두 남자는 마주앉아 대화를 시작한다. 그 자리에 없는 어느 젊은 교수에 대해 대화 중인가 보다. 모르긴 몰라도, 교수 사회도 꽤나 피곤한 업계일 듯하다. 자기들끼리만 모인 좁은 사회라, 조심하고 조심해도 그 교수 어떻다는 소문이 스멀스멀 피어난다.

좋은 머리로 방어해 보지만 다들 박사들이라 탐정처럼 알아낸다. 그들끼리 나누는 얘기를 들어보면 그렇더란 얘기다.

사실 나는 교수들 세계가 신기하다. 연구실도 제각각 있고 강의도 제각각 하니, 자발적 외톨이 신세를 못 면할 것 같다. 신입생이 없다면 새롭게 할 말도 없을 것 같다. 인기 강의는 온라인에서 무한 반복되겠지만 인기 없는 강의는?

그들은 대부분 근사해 보인다. 특히 디자인과나 미술, 건축과에는 멋진 교수들이 많다. 지금 커피를 기다리고 있는 두 남자만 봐도 그렇다. 한 사람은 젊은 애들처럼 비니를 쓰고 회색 니트 목도리를 둘렀다. 다른 한 사람은 라이더처럼 입었다. 둘 다 오십대임이 확실하지만 나이보다 훨씬 젊게 꾸밀 줄 안다. 확실히 틀에 갇힌 직장인들과는 다른 외모다. 텀블러를 손에 들고 긴 다리로 성큼성큼 걸으며 희끗희끗한 앞머리를 휘날리던, 티비 속 어느 교수가 연상된다.

 가죽잠바의 A가 긴 얘기를 조근조근 읊조리기 시작한다. 다시 들어도 '그날은 생일이었어'와 비슷한 목소리다.
 "우리끼리 논의를 할 때는 얘기를 들어야 하잖아? 그런데 김 교수는 핸드폰만 보는 거야. 의견을 듣고 토론을 하려면 그래서는 안 되잖아?"
 그러자 맞은편의 B가 묻는다.
 "뭘 하느라?"
 "그냥 핸드폰으로 문자 보내고 검색하는 거야. 게다가 그뿐이 아니야. 프로젝트 건에 대한 대화를 해야 하는데 자꾸 자기 집 얘기로 넘어가더라구! 우리가 다섯인데 세 명이 그 사람하고 상대를 안 해. 나만 말 걸어주고 했는데, 이건 말을 하다보면 꼭 자기 아버지 얘기, 아버지랑 어디 간 적이 있다, 아버지랑 뭘 먹으러 갔다. 집 얘기로 넘어가는 거야."
 "음... 제 자랑을 많이 하는 눈치 없는 교수군."
 나는 혼자 고개를 끄덕인다. 공적인 대화중에 집 얘기라니 답답하긴 하겠다. 그런데 좀 이상한 건, 자식 자랑도 마누라 자랑도 아니고 아버지 자랑이라니...

  교수는 자랑할 만한(?) 직업이다. 제자가 아니더라도 다들 '님' 자를 붙여 준다. 나도 님자가 들어간 호칭을 듣긴 한다. 어머님? 회원님? 고객님? 딸들이 불러주는 '경미님'도 있다. 여기 경미님 자리야! 하며 앉을 자리를 정해줄 때 자주 듣는다.
  그러나 교수님의 님은 다르다. 스스로도, 가족들도 자랑할 만하다. 아무 님도 아닌 자식이라도 나는 내 딸들을 좋아하는데, 자식이 의사나 교수나 박사라면 얼마나 자랑하고 싶어 입이 근질거리겠나? 우리집 손님들 중에도 자식 자랑을 하는 사람들이 많다. "의사 아드님, 교수 따님 참 부럽네요!" 라는 말을 나는 자주 하게 된다.

  친구나 친인척보다는 단골 가게나 노래교실에서 자랑하는 게 더 편한가 보다. 그러나 그건 어디까지나 자식 자랑이지, 부모 자랑을 늘어놓는 사람은 거의 없다. 돈 못 벌고 술만 좋아하고 남들 좋은 일만 하던 아버지, 인색했고 아들만 챙겼던 어머니. 부모는 대개 질타나 동정의 대상이지 자랑의 대상은 아니다. 나는 말끝마다 아버지 자랑이 심하다는 그 김 교수가 신기하다. A교수에겐 그저 꼴불견인 동

료이겠지만...

내가 교수들의 대화에 귀 기울이는 동안, 나의 일행들은 단골주제로 떠들고 있다. 어디에 써먹으려고 그렇게 부지런히 대통령 지지율 조사를 하는 거냐고, 조사 결과 몇 프로 지지를 받는다는데 우리 중 어느 아줌마가 지지하는 거냐고...

여자들은 꿀 먹은 벙어리가 되지 않으려고 카페로 나온 듯하다. 박정희 시대부터 오늘까지, 근대사를 논하는 데 막힘이 없는 역사의 산증인들이다.

아줌마들의 목소리에도 묻히지 않고 남자들의 목소리는 계속 들려온다. 돌아보고 싶게 만드는 최성수의 목소리! 저 목소리는 진짤까?

남자는 아직 김 교수 얘기를 하고 있다.

"그 세 사람은 아예 밥도 같이 안 먹고 말도 안 건네."

그 말은 곧 나도 그렇게 하고 싶다는 뜻이다. 이젠 눈치 없이 아버지 자랑이나 하는 그 교수를 버리고 말 안 거는 세 사람 쪽에 합류하겠다는 선언이다. 이제 김 교수는 혼자 밥 먹고 혼자 중얼대야 할지도 모른다.

우리 테이블에도 주류를 벗어난 여인이 있다. 어설픈 자리에 앉아 핸드폰만 만지작거리는 그녀. 자식이 에르메스 백을 사줬다는 말을 조용조용히 내놓아서 놀라게 한다. 환호 속에 묘한 침묵이 드리워진다. 집에 가면 그 얘기만 기억에 남을지도 모른다.

눈치 없는 것도 아무나 할 수 없기에 눈치 없이 살고 싶지만 점점 더 눈치가 있어져 눈치 없는 사람에게 눈치 안 채이게 놀라기도 힘들다.

문득 누군가 다가와 묻는다. 실내에서 왜 마스크를 쓰고 있냐고. 눈을 끔뻑이며 한쪽을 가리키니 그 사람은 금세 눈치를 챈다.

교수들이 일어선다. 끝끝내, X새끼, 또라이, 미친X! 같은 욕설을 쓰지 않았다. '정신나간 놈. 학교가 지네 집인 줄 아나?' 이런 말도 하지 않았다. 마치 노래 부르듯 달콤한 목소리로 뒷담화를 나눈 뒤 그들은 여자들로 꽉 찬 한강변 까페에서 일어선다. 뭔가 아쉽다. 그들의 입에서 마음의 소리를 듣지 못해서인가?

나는 이제 마스크를 벗고 여자들의 대화에 끼어든다. 눈짓으로 턱짓으로, 말을 전하는 중이다.

10
사진 속의 그녀들

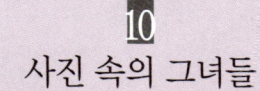

10

 언제부턴가 필름 사진은 사라지고, 디지털 사진들만 남았다. 자연히 핸드폰에 사진들이 채워져 있다. 그런데 오늘은 딸이 오래된 앨범을 하나 찾아 내 젊은 시절 사진들을 가져왔다.
 그럴 듯해 보이는 곳에서 그럴 듯해 보이게 차려입고 그럴 듯한 표정으로 찍은 사진들. 그중에서도 제법 잘 나왔다고 골라온 사진들은 대개 웃는 사진이다. 사진마다 나는 웃고 있다.
 입꼬리를 말아 올리며 미소 짓거나, 입이 찢어져라 파안대소 하고 있다. 잔뜩 밀려올라간 볼에 눈은 감겨 있고 코는 찡그려져 있지만 보는 순간 기분이 좋아진다. 뭐가 그리 좋아서, 이렇게 웃고 있는 걸까?
 딸이 가져온 사진들 중에는 등산복을 입고 찍은 사진도

있고 어느 산사에서 찍은 사진도 있다. 배가 남산만한, 임신 9개월쯤의 사진도 있다. 배가 잔뜩 불러서 찍은 사진은 많이 피곤해 보인다. 얼굴이 부석부석하고 미소도 없다. 행복해보이지 않고 지쳐 보인다.

 딸이 이런 말을 들으면 서운해 할 테지만 그 시절 나는 무척 힘들었었다. 아직도 생생하다. 밤에 숨이 안 쉬어져서 일어나 앉아 있곤 하던 때가. 그래도 식당의 일은 하지 않을 수 없었다.
 친정 엄마는 내가 무거운 몸으로, 사각쟁반에 냉면 그릇을 받쳐들고 왔다갔다하는 걸 보고 기절하다시피 했다.
 엄마는 나를 냉면집에 시집보내면서, 고귀하게 살 줄 알았었나 보다. 손녀가 보고 싶어 한 번씩 사돈집에 올 때마다, 일하는 걸 보고 기함하곤 했다. 엄마는 화병이 나서 집안 사람들을 잡고 울분을 토해 냈다.

 일이 바빠서 친정 모임에 참석 못 하는 나를 집안 어른들은 궁금해 했는데, 그때마다 엄마는 경미가 너무 고생한다고 말했단다. 나는 요즘 사촌들에게서 이런 얘길 전해 듣는다.
 우리 엄마는 딸들이 사위를 잘 만나서 잘 살고 있다고

말하고 싶었는데, 암만 해도 그렇게 꾸며지지가 않았었나 보다.

엄마도 그렇지. 내가 무슨 재주로 그렇게 특별한 부잣집에 시집을 갈 수 있었겠나? 대학을 나온 것도 아니고 부잣집 딸도 아니었다. 현실은 남루했다.

고등학교 졸업 후 재수도 실패하고, 너덜너덜해진 영혼을 간신히 부여잡고 친척이 건물주로 있는 을지로의 한 빌딩, 하루하루 버티기도 벅찬 영세 업체에 경리사원으로 취직한 처지가 아니었던가?

명동 입구에 있는 빌딩이라 매일 같이 명동이며 을지로를 쏘다녔지만 외롭고 쓸쓸했다.

친구들은 대학에 합격해서 미팅한다고 몰려다니는데 나는 은행에 어음이나 당좌수표를 막는 심부름을 하러 다녀야 했다. 형편이 무인지경인, 미친 회사였다.

빚만 가득한데다, 꼴난 가족경영회사였다. 처남 매부 형님 아우가 모여서 서로 상무님 전무님 하며 추켜세우다가 한 명이 사무실을 나가는 즉시 그의 욕을 해대기 바빴다.

다들 하루 종일 아래층의 다방에서 커피나 마시고 있으니, 일은 사돈의 팔촌쯤 되는, 성(姓氏)도 희한한 인 과장

혼자 동동거리며 다했다. 그러다 한 번씩 분통이 터지면 욕설이 난무했다.

나는 여상을 나온 게 아니어서, 제대로 된 경리 업무는 어려웠다. 그저 여기 가서 어음 받아 저기 가서 주고 저기 가서 당좌수표 받아 은행에 갖다 주는 그런 돈 배달 같은 일을 했다.

모든 것이 심부름일 뿐, 내가 알아서 하는 내 일은 없었다.

영업부는 하루 종일 외근 나가서 무슨 일을 하다 오는지 알 수 없고, 경리부는 돈이 없어서 돈 꾸러 다니는 게 일인데, 나는 그 경리부의 심부름 정도나 했던 것이다.

지금도 아쉬운 건, 그때 내가 차라리 여상을 나왔더라면 오히려 인생이 잘 풀렸을지 모른다는 점이다. 대학도 못 갈 거면서, 쓰잘 데 없이 인문계를 나와서, 돈과 장부에 관해서 아는 게 없었다. 이래저래 어중간하고 어정쩡한 청춘이었다.

그 빌딩엔 나 말고도 어정쩡한 청춘이 하나 더 있었다. 말썽꾸러기에 주먹대장으로 지내다가 결국 대학진학을 못한 집안 오빠 한 명도 다른 층, 다른 업체에 취업해 있었다.

우리는 젊은 실패자들 같았다. 실패자끼리는 서로 부끄

러워한다.

　빌딩 안에서 마주칠 때마다 우린 짧게 아는 체만 하곤 급히 돌아섰다. 누군가 어떻게 아는 사이냐고 물을까봐 두려웠다.

　나는 지금도 그 건물 앞을 지날 때면 마음이 짠하다. 스무 살의 내가 안쓰럽다. 조금만 일찍 철이 들어서 대학을 갔더라면 나는 그렇게까지 피똥 싸듯 고생을 안 했을 수도 있었다.

　모든 잘못의 시작은 나 자신이었다는 게 슬프다.

　우리 회사는 결국 망해서 다들 뿔뿔이 흩어졌다. 그중 몇은 젊은 객기로 다시 회사를 차리기도 했지만 아무도 성공하진 못했다. 품목 자체가 그랬다. 친척 오빠가 다닌 회사는 의료기 사업체였는데 우리 회사는 지금은 있지도 않은 유리섬유단열재 회사였다.

　그 시절 나는 명동과 을지로와 종로를 많이도 돌아다녔다. 남들은 놀러 다니는 곳을 나는 주로 은행에 부도 막으러 발바닥에 땀나게 뛰어다녔다. 남들 대학 다니고 연애할 때, 나는 세상의 호된 맛을 보고 있었다.

　덕분에 배운 것도 있다. 회사가 부도가 나려면 조짐이

보인다. 월급이 제 날짜에 안 나올 뿐더러, 대출도 안 된다. 심지어 막내 경리사원인 내게 아쉬운 소리를 한다.

나의 친척인 건물주에게 돈 좀 빌리게 자리를 만들어보란다. 이자는 톡톡히 쳐주겠다고. 그러나 나는 대략 난감할 뿐이다. 그렇게 흥허물 없이 '우리 사장님이 이자 많이 준다고 돈 빌려 달래요' 할 처지는 아니다.

집에 가서 아버지께 말씀드리니 회사를 그만두라고 하신다. 나도 잘 됐다 싶어 사표를 냈다.

나의 청춘은 그렇게 저물어갔다. 탈진 상태로 나는 후딱 결혼을 해버렸다.

그러고 나니 더 힘든 시집살이가 기다리고 있었지만, 그래도 그건 내 일이라는 생각에 힘든 줄을 몰랐다. 사실 임신하기 전까지는 날아다녔다. 다만 폼이 안 났을 뿐.

결혼 직후 냉면집에서 일을 할 때는, 내가 시어머니의 딸인 줄 알고 중매하겠다는 사람이 많았다. 그때마다 화를 벌컥 내던 시어머니 얼굴이 떠올라 웃음이 난다.

아기를 임신하고는 다들 행복하다는데 나는 너무 힘이 들었다. 무거운 몸으로 냉면 그릇을 들고 다니고 남이 먹은 그릇을 치우려고 몸을 수그려야 했다. 그런 나를 보며 엄마는 억울해 했다.

악조건의 집으로 딸이 시집간 게 분했나 보다. 정작 나 자신은 매일 돈 꾸러 은행 돌아다니던 회사보다 나았는데 말이다.

지금 내 눈앞에 사진 두 장이 나란히 있다. 활짝 웃는 젊은 여자의 사진과, 웃을까 말까 망설이는 듯한 배부른 여자의 사진. 두 여자는 같은 여자이다.

나는 웃는 여자를 자세히 들여다본다. 뭐 때문에 저렇게 웃었는지 모르겠다. 요즘은 웃을 일이 없다.

내가 나에게 활짝 웃는 게 부럽다고 말한다.

11
고치는 남자들

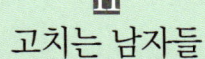

11

구정 명절이 지나고 갑자기, 온수가 안 나온다. 보일러가 얼었나 보다. 물이 쫄쫄 나오게 해놨었는데, 냉수가 아니라 온수 쪽이 언 거다.

단골 설비아저씨를 불러야 한다. 아침부터 전화하기는 그래서 문자로 보냈더니 영 안 읽는다. 지난번에 수도가 터졌을 때도 문자를 보냈더니 끝내 안 읽어서 할 수 없이 전화를 했었다. 그때까지 아저씨는 자는 목소리였다. '문자 안 봐요?' 하니, '누가 수도 터졌는데 문자 하냐' 며 그럴 땐 전화를 하란다.
'너무 일찍이라 전화 못 하겠다' 고 하니, '그래도 그렇지 누가 문자를 하느냐' 고 오히려 당당했었다.
그랬건만 나는 오늘도 전화 아닌 문자부터 보냈다. 역시 문자를 통 안 읽기에 두 시간쯤 기다리다 전화를 하니 지금 강남의 어느 빌딩 지하에 물이 터져서 난리라고, 새벽부터 거기 있다고 한다. 아, 진작 전화할 걸. 순서를 놓쳤다.

그거 언제쯤 끝나냐고, 끝나는 대로 우리집으로 오라고 하니 못 온단다. 다른 사람 부르라고 한다. 나도 아무라도 부르고 싶다. 그러나 요즘 이런 일 하는 분들이 동네에 없다. 추운 날씨로 요즘이 대목이다.

하는 수 없이 보일러 가게에 전화를 했다. 이 아저씨는 늘 힘없이 착하기만 하다. 원래는 보일러 회사의 직원이었는데 대리점 사장이 되어 추울 때마다 별별 고생을 다 하고 있다. 애들 어릴 때, 같은 학교 학부모였다며, 보일러 사장의 부인은 나를 반가워한다. 원래는 직원도 몇 명 있었는데 지금은 혼자서 다 하니 고생이 많을 것이다. 하긴 워낙 싫은 소리를 못 하는 성격이니 혼자 일하는 게 나을지도 모른다.

이 분은 우리 보일러가 외부에 있는 걸 아니, 이런 추운 날에는 오기 싫어한다. 주저하는 기색에 나는 펄쩍 뛰고 본다.

"그럼 어떡해요? 설비하는 분은 지금 강남 어디 가 있다는데…"

"일단 가 보긴 할게요."

"스팀으로 해빙하는 기계 갖고 오셔야 돼요. 절대로 그거 있어야 하니까 빈손으로 오시면 안 돼요."

"…"

약속대로 보일러 사장은 출장을 왔다. 오긴 왔지만 옷도 두껍게 안 입고, 모자도 안 쓰고 왔다. 추운 날씨에 그런 차림으로 어떻게 바깥에서 일 하겠다는 건지, 심란하게 만든다. 먼저 커피를 타다 준 뒤 설명을 했다.

명절 연휴 동안 온수를 안 썼더니 얼어버렸다고. 스팀기계로 녹여야 한다고! 아저씨는 배관 연결 부위를 풀더니 가느다란 스팀호스를 연결한다. 그런데 기계가 너무 작다. 나는 왜 큰 기계 안 가지고 왔느냐고 묻는다.

싫은 소리 못 하는 사람에게 난 싫은 소리를 한다. 아저씨는 자기네 가게에 그런 큰 기계가 없어서 못 가져왔다고 대답한다. 보기에도 압력이 약해 보이는 작은 스티머를 꽂아놓고는, 추워서 차안에 있다 오겠다며 차로 가버렸다. 꼭 스팀다리미만 한 그 작은 물건이 꽝꽝 얼어붙은 수도관을 녹일 것 같지 않다. 아저씨도 십분마다 차에서 나와 한 번씩 들여다보며 죽어가는 환자에게 선고를 내리듯 돌아가지 않는 보일러를 보면서 고개를 가로젓는다.

나는 핫팩을 건네며 이거라도 붙이고 일하시라고 말한다.

나름 친절을 베푼 건데, 내 목소리는 화난 사람 같다. 화내는 것 같은 목소리로 장갑도 안 끼고 어떻게 일하냐며, 장갑을 내미니, 아저씨는 어차피 젖는다고 싫다고 한다.

아! 정말 고생이 많다. 평소엔 생각도 안 나는 보일러 사장님이 이럴 때는 세상 고생 다 짊어진 성자 같다.

겨울철의 풍경이다. 우리집 말고도 여기저기 보일러 동파가 많은지, 아저씨는 전화 받기에 바빠 일에 몰두할 수가 없다.

결국 아저씨는 두 손 들고 말았다. 호스 녹이는 일에만 한 시간 넘게 쓰다가 말도 없이 사라졌다. 전화를 해보니 그래도 받긴 받는다. 자기는 보일러 AS가 너무 바빠서 수도관 녹이는 일은 못 하겠단다. 그럼 다른 사람이라도 보내달라니, 기다려 보란다.

잠시 뒤 다른 아저씨가 왔다. 어제 얼마나 술을 마신 건지 아직 술 냄새를 펄펄 풍기는, 흡사 나훈아 같이 남성미 넘치게 생긴 새로운 아저씨가 나타났다.

나는 처음 보는 그 아저씨에게 다시 상황 설명을 해야 했다. 그런데 아저씨는 내 말을 듣는 둥 마는 둥, 자기 할 말에 바쁘다.

이 일이 쉬운 일이 아니라는 걸, 절박한 나를 붙잡고 길게 강조하고 싶어 한다. 어쨌든 수도만 고쳐주면 절이라도 할 판. 나는 잠자코 아저씨가 하는 대로 지켜봤다.

그러길 얼마 되지도 않아, 갑자기 아저씨가 불이라도 난 것처럼 꽥꽥 악을 쓴다.

수도관이 터졌으니 계량기를 잠그란다. 나는 무릎이 아파, 얼른 쪼그리고 앉기가 힘들다. 행동이 굼뜬 나 대신 아줌마가 재빨리 엎드려 계량기를 잠갔다.

멀쩡하던 수도관을 저 사람이 터뜨려놨다고, 아줌마가 조용히 일러 받친다. 나는 나훈아 같은 모습으로 처음 나타났을 때부터 알아챘다.

술이 덜 깬 듯 시뻘건 얼굴에, 눈을 부릅뜬 그는 일하는 대신 설명을 하고 싶어했다. 일 잘하는 아저씨들은 얼른 기계부터 살펴보려고 한다. 일을 못 할수록 불필요한 설명을 구구절절 하려고 든다.

나는 보일러 사장에게 전화를 해, 지금 그 아저씨가 다른 수도관까지 터뜨려놓아 난리도 아니라고, 조용히 빨리빨리 잽싸게 화내지 않고 화를 낸다. 그리고 그 일 못 하는 아저씨한테는 수고하셨으니 그냥 가시라고 했다. 그냥 가라니 무슨 말이냐며, 술 안깬 나훈아에서 불끈하는 나훈아로 얼굴이 바뀐다. 돈은 보일러 사장님 통해서 드릴 테니, 그만 철수하시라고 했다.

이제 우리집엔 찬물도 온수도 안 나온다. 대략 난감이다. 뒤에서 새는 물이 도로로 못 나가도록 새는 부분을 비닐로 감싸서 하수구 쪽으로 물길을 만들어 둔 상태이다.

나는 다시 강남에 있다는 설비 아저씨에게 전화를 한다. 어차피 오늘은 글렀으니 내일 와서 고쳐달라니까 알겠다고 한다.

그 전화를 끊자 곧 나훈아 아저씨한테서 전화가 왔다. 그 추위에 땅바닥에 엎드려서 일했으니 일당 15만원을 달란다.

나는 '멀쩡한 수도까지 터뜨리지 않았냐'는 말은 안 했다. 일단 바쁘니 전화를 끊어보시라고 한 뒤 소개한 보일러 사장에게 전화를 했다.

온수는 녹이지도 못 하고 멀쩡한 수도는 분질러 놓고, 온 지 한 시간도 안 돼서 떠난 사람이 무슨 15만원을 달라는 거냐고, 십만 원 드릴 테니 사장님이 알아서 하라니까, 그 착한 아저씨가 '미친놈 다 봤다'며 같이 욕을 해준다.

다음 날 아침 8시, 설비 아저씨가 왔다.

나는 지금 강북이 아닌 강남에 있다고 자랑스레 왈왈대

던 아저씨가 드디어 온 것이다. 나는 장비 다 챙겨왔느냐고 다그친다. 아무래도 일거리가 늘었으니 말이다. 온수도 녹여야 하고 수도도 터진 곳을 이어 붙여야 한다.

 남자라고 다 이런 일을 할 수 있을 거라고 생각하면 안 된다. 결혼 전, 우리 친정 아버지는 못도 하나 못 박으셨다. 아버지는 이런 종류의 일은 전혀 못 하셨다.
 그런 일은 남동생들이 자라면서 손을 대기 시작했다.
 말만 하면 그 애들은 뚝딱뚝딱 잘도 해치웠다. 한편, 결혼 후 남편은 우리 아버지보다 더 아무것도 못 했다. 손도 여자 손보다 더 길고 가늘어, 피아노나 치면 어울릴 듯했다. 남편은 그냥 그렇게 살았다.
 집안에 뭐가 망가지면 남편 아닌 누군가가 고치러 왔고, 남편은 그 사람들을 상대하기 싫어 얼굴부터 못생겨졌다. 옆집에 내가 간단한 장비를 빌리러 가면, 그집 아저씨는 남편 뒀다 뭐 할 거냐고 농담을 했다.
 그러니 남편은 장비를 빌리러 가는 일조차 절대 안 했다. 아마 본인도 그런 소리를 듣기 싫었나 보다. 그러니 나는 뭐든 망가지면 남편보다는 늘 설비 아저씨를 찾곤 했다. 그게 훨씬 마음도 편하고 일도 빨랐으니까. 그런데 이젠 그런 가게들이 다 사라져간다.

아침 일찍 일하러 온 아저씨에게 커피를 타 주며 강남은 어떻게 됐냐고 물었다. 그러자 아저씨는 지금도 난리라며, 지하에 온통 물이 찼다고 한다.

수도관을 살펴본 아저씨는, 어제 어떤 놈이 와서 이렇게 만들었느냐고 묻는다.

처음 보는 사람인데, 꼭 나훈아가 눈을 부릅뜬 것처럼 생겼다니까, 짐작이 가는지 킥킥 웃는다.

거의 11시쯤 되니 온수가 나온다. 어제 온 사람은 보일러가 잘못 된 거라며 보일러를 바꾸라고 했는데... 속으로 개**라며 욕을 했다. 설비 아저씨한테는 절이라도 하고 싶다. 이틀을 고생하고 나니, 한없이 겸손해진다.

아저씨는 새로 이어붙인 수도관에 테이핑을 하며, 내게 비밀을 알려주겠다는 듯 나직이 말한다. 저 사거리 큰 빌딩 주인 아저씨가 엊그제 버스 정류장 벤치에 앉아서 죽었다고. 아마 심장마비일 거라고. 이제 그 집 재산다툼으로 엄청 골치 아플 거라고.

나는 깜짝 놀라 묻는다. 엊그제도 운동하러 대공원 가는 걸 봤는데요? 하니 바로 구정 직전에 그렇데 되었단다. 그러니까 잘 하고 살아야 된다고, 그 사람은 뭘 고치면 얼마나 인심이 짠지... 하며 뒤를 흐린다.

  그렇게 인색하게 살아봤자 이제 그 많은 돈 어쩔 거냐고, 내게 만고불변의 진리를 설파한다.

  나는 무슨 말씀인지 알겠다고, 한 푼도 안 깎을 테니, 수고비하고 계좌를 문자로 보내달라고 말한다.

  집으로 들어오니 살 것 같다. 줄줄 새던 수도들이 제대로 돌아가니, 이제 내 머리도 정상으로 돌아간다.

  곧 추위가 물러갈 것 같다.

12
오물오물

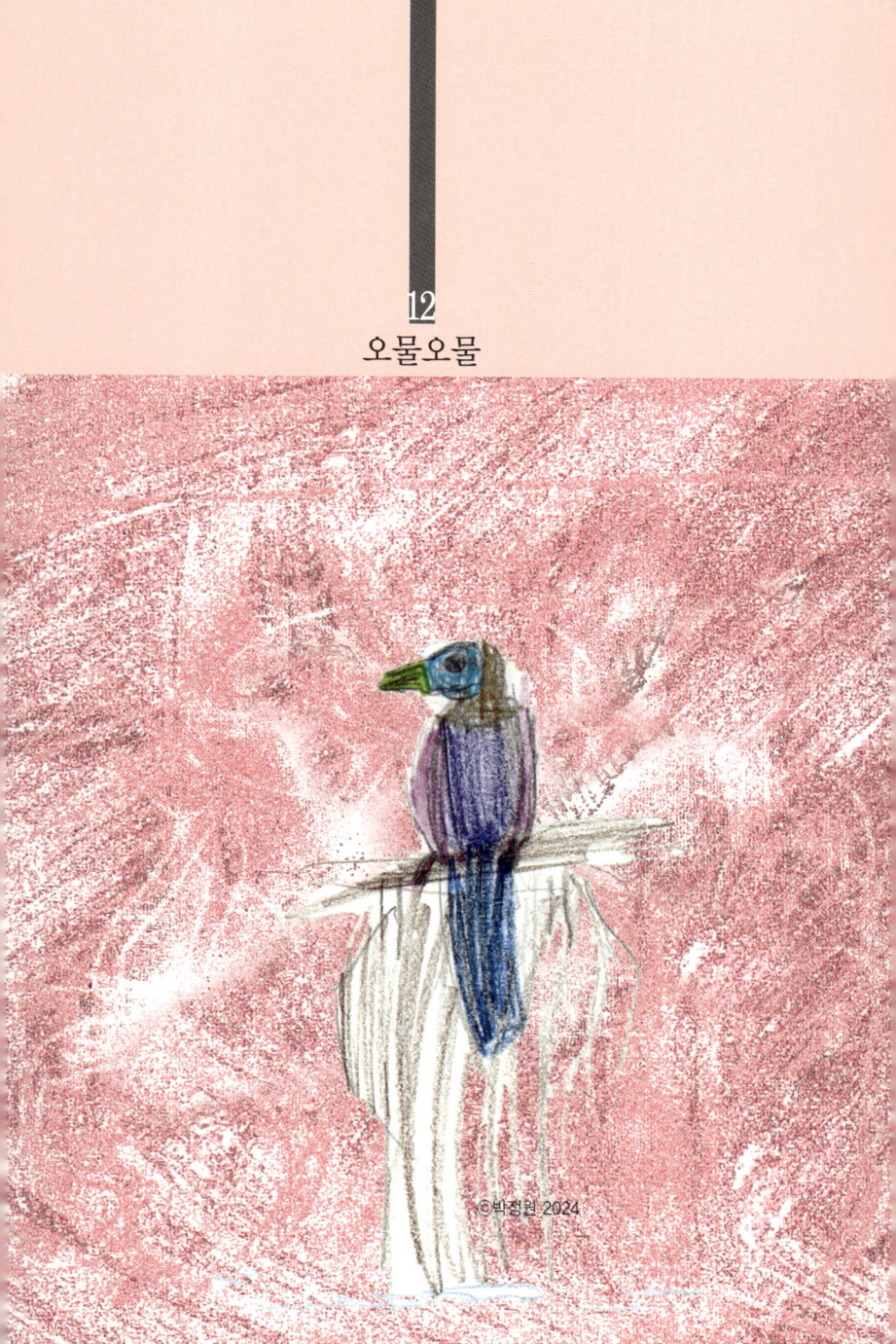

12

 배움엔 끝이 없다더니, 그 말의 참뜻을 책과 글자가 아닌 몸을 통해 깨닫는 요즘이다. 눈이 점점 나빠지고, 머리숱이 점점 빠지더니, 무릎마저 뚝뚝 꺾이니, '아! 이런 날이 오는구나' 싶다.
 그나마 나만 겪는 일이 아님에, 머리끝부터 발바닥까지 안 아픈 데 없는 사람이 드물지 않아, 이만하길 다행이라고 마음을 달랜다.

 어렸을 때부터 안경을 썼지만, 요즘 들어 부쩍 눈이 안 좋다. 근시와 원시와 난시와 노안이 골고루 겹친 듯하다. 눈을 한 꺼풀 깎아내든지, 수정체 삽입술을 받으라는 권유를 자주 듣는다.
 낡은 수정체를 빼고 인공 수정체를 넣으라는 말인데, 말만 들어도 으스스하다.

그런데도 주변을 돌아보면 꽤 많이들 그 시술을 받았다. 친구 아들 병원에 가서 하고, 아들 친구 병원에 가서 하고... 친분을 담보로, 다 알아서 잘해주겠지 하는 믿음을 갖고 사람들은 병원을 찾아간다.

그 결과 괜찮더란 사람도 있고 괜히 했다는 사람도 있는데, 어쨌든 나는 들은 체도 안 하고 있다.

안과 의사들은 시력 교정수술을 안 받는다는데 내 두 딸은 라식인지 라섹인지, 눈 표면을 깎아내는 수술을 받았다. 나는 목구멍이 터지게 하지 말라고 말렸었지만 내 말은 안 먹혔다.

하긴 자식들에겐 이십대 초반부터 내 말이 안 먹혔다. 매번 지난 번에 말 안 듣던 것은 또 잊어버리고 다시 애들을 말리고 또 말린다. 애들이 볼 때는 간단한 시술을 무서워하는 잔소리쟁이 할머니 같아 보였을 거다.

그러나 내가 정말 아무것도 모르면서 노파심만으로 애들 수술을 말린 건 아니다. 레이저니, 뭐니 하는 의료장비들에 대해선 사촌 오빠한테 들은 얘기가 있다. 오빠는 대형병원들이 막 생겨나는 시점에 레이저나 초음파 기계를 독일에서 수입해서 병원에 팔았다.

  몇 십억씩 하는 고가의 물건들이다. 병원들은 그 물건들을 들여놓고 환자를 끌어 모아 많은 돈을 번 다음, 더더욱 고가의 장비로 교체 한다.

  의료장비는 회사의 직원들이 한 달, 두 달씩 현지에 가서 독일어와 영어로 조립법, 설치법 등을 배워서 들여온다. 사용법과 수리법, 소모품 교체법까지 직원들이 독일어로 익힌 후에 물건을 판 뒤 구매자인 의사들에게 시연하며 가르친다. 하늘같이 믿는 의사들이고 장비들이지만 실은 수입업자들이 모든걸 먼저한다.

  갈수록 레이저와 로봇 수술의 인기는 높아만 간다. 이젠 칼로 째고 자르고 두드리며 피를 흘리는 그런 수술은 피하는 추세이다.

  값비싼 장비들은 금세 원가를 뽑는다. 비싼 장비일수록 인기가 많아 대기 기간도 길다. 아무리 비싸도 사람들은 컴퓨터 수술을 원한다.

  거대 레이저와 로봇 팔들이 피 한 방울 안 흘리고 구멍 세 군데만 뚫어서 사람의 장기를 자르고 지지고 꿰맨다. 의사의 의술은 로봇팔을 다루는 기술로 대체되고 있다. 어

느 병원이 더 고가의 장비를 설치했는지가 중요해진다.

우리 부모님도 오빠에게 의사를 소개받고 수술을 받았다. 아버지는 원자력병원을 소개받았는데, 수술이 잘못돼서 그 다음엔 삼성병원에서 했다.

엄마는 아산병원이었는데, 병실이 없어 입원생활을 오래하기가 힘들었다.

1인실에 들어가면 돌아가실 때까지 머물러도 된다고 했지만, 우리는 그 말에 움찔했다. 1인실이라니? 엄마도 없는데, 엄마 병원비는 누가 내나?며 달이다.

아버지는 집보다 병원에 계시는 걸 편해 하셨다. 병원에 있으면 의사랑 간호사도 있고, 엄마도 돌봐 주고 자식들도 자주 오고 사람들도 많이 다니니 덜 답답했던 모양이다.

하지만 난 아버지가 병원에 계신 모습이 편하지 않았다.

결국 집으로 걸어서 갈 수 있게 해주지는 않을 거란 생각 때문이었다. 고생만 하다가 그곳에서 마지막을 맞이해야 한다는...

이렇게 병원을 안 좋아하는 나이지만, 치통만큼은 참을 수 없어 사랑니와 어금니를 뽑으러, 청심환까지 먹고 동네 치과에 갔다. 치과에서는, 있어봤자 쓸모도 없고 아픔만 줄 뿐인 사랑니를 단번에 빼드리겠다는 말을 전부터 했었다.

그러더니 정말 '단번'에 뽑아버렸다.

 이미 유통기한이 지난 치아이기 때문일까? 명색이 어금니이고 사랑니인데, 순식간에 뽑혀 "땡그랑, 땡그랑", 소리를 내며 스텐 접시 위로 떨어진다.
 아프지 않았다면, 거기 사랑니가 있는 줄도 모른 채 평생 잘 썼을 텐데, 이렇게 단번에 몸에서 떨어져 나가니 짠하다. 문득 무서워진다. 앞으로 '헤어질 결심'을 얼마나 더 해야 하나 싶다.
 잇몸을 꿰매며 의사는, 그렇게 버티더니 이것 보라고, 얼마나 간단하냐고 나를 놀린다. 그 말을 들으며 나는 내 이(齒)들에게 마지막 인사를 하려고 스텐 접시를 내려다봤다.
 그런데 어느새 쓰레기통으로 간 건지, 의료 폐기물통으로 간 건지 안 보인다. 내 이들이 어디 갔느냐고 물으려다가 입을 다물었다. 의사와 생판 모르는 처지도 아니고, 이빨과 작별인사를 못 했다고 찾아내라는 이상한 말을 할 수는 없었다. 하긴 나에게도 낯선 감정이다.
 어금니와 사랑니를 떠나보내며, 이젠 안녕! 그동안 고마웠다! 정말 고마웠다고 인사하고 싶은 이 기분이란 대체…
 나이 탓일까? 만일 내게 이빨들을 돌려줬다면 나는 땅에

고이 묻든지, 우리집 지붕 꼭대기에라도 던졌을 텐데, 쓰레기통이라니 미안하다.

잇몸을 꿰맸으니 당분간 조심하라는 말을 듣고 집으로 돌아왔다. 앓던 이 빠진 듯 시원하진 않고, 많이 섭섭하다. 이를 빼기 전엔 아파서 못 씹었는데, 이젠 꿰매놓아서 못 씹는다. 이빨이 없어져 보니 할머니들이 오물거리는 이유를 알겠다.
뭐든 앞니로 조심조심 잘라 먹을 수밖에 없다.
나는 이런 나의 상황을 누군가에게 말하고 싶어진다.
이를 두 개나 뺐다고, 어딘가 말하고 싶은데 딱히 말할 곳이 없다. 하는 수 없이, 딸에게 문자를 보낸다.
"이를 두 개나 뽑았다! 단번에!"
그러자 금방 딸이 전화를 한다.
"엄마 괜찮아? 안 힘들었어?"

딸의 목소리를 들으니, 울컥한다. 내게 필요한 건 이런 위로와 애도이다. 힘들까봐 청심환까지 먹고 갔는데 너무 쉽게 빠져서 힘이 남아돌았다고 말했지만, 내 목소리에는 힘이 없다.
엄살처럼 들려도 할 수 없다. 어쨌거나 나는 이를 뺀 사람이다. 아무도 모르게 비밀로 하기는 싫다.

큰 딸은 어쩌냐고 위로해준다. 그 말이 내게 의외로 위로가 된다. 나는 이런 위로 따위 필요 없을 줄 알았는데 아닌가 보다. 나는 뭐든 맛있는 걸 같이 먹으며 위로를 받고 싶은데, 이가 없어서 아무것도 먹을 수 없다.

오늘 나는 치아 두 개를 잃었다. 우리 엄마는 어릴 때 건치 어린이로 뽑혀 상까지 탄 '건치인' 답게, 돌아가실 때까지 치아를 전부 지니고 계셨는데 말이다.

아버지는 이 악물고, 거기다 입술까지 꽉 다물고 살다가 이가 다 닳았다고 했다.

나도 아버지처럼 이 악물고 산 건가?

앞으로는 이 악물고 살 수가 없게 되었다. 어금니를 깨물고 한다는 굳은 맹세나 복수의 다짐도 이제 꿈도 못 꾼다. 남은 이들과 '헤어질 결심'도 안 했으면 좋겠다.

꿰매놓은 잇몸이 붙을 때까지, 오물오물 중이다.

13
여행

13

 둘째딸이비행기를 예약해 준다.
 자식들은 온라인에 앞서가고 부모들은 멀어져갈뿐이라 딸이 묻는말에 빨리빨리 답해야한다.

 주민번호? 하면 잽싸게 580 ×××× 대답하고 전화번호 ? 하면 잽싸게 010 - 8212×××× 하고 , 주소? 하면 몇십년간 외워왔던 오래된 집주소대신 내집같지않은 내집 주소를 새주소라며 불러야한다.
 딸은 아주 아주 가늘고 길고 하얗고 매끈한 손가락을 죽 펴고 손끝으로만 화면을 터치한다.

 누구보다 빠른 내답변보다 딸의 터치가 더빨라 딸은 더 빨리빨리 답하라는듯 내얼굴을 물끄러미 쳐다본다.

딸은 능력을 보여주는게 좋은듯 또 대한항공 어플을 키라고 한다.

많이도 깔린 내핸폰속에서 겨우찾아내 건네주니 이번엔 기내에서 먹을 밥을 고르라한다.

난 메뉴가 뭐뭐있냐고 되묻는다.

딸은 고르라고 한지 일초도 안되 그냥 스테이크를 먹으라하고 나는 메뉴가 뭐뭐있냐고 화내듯 묻는다.

메뉴에 신중하고 싶은 엄마가 다二치듯 물으니 딸은 들릴락말락 한숨을 한번 쉬더니 스테이크랑 닭고기랑 쌈밥이있다 한다. 그럼 스테이크를 먹겠다고 다침내 내린 결정인냥 말한다.

딸은 거봐! 그게 제일 낫다니까? 하며 이제야 모녀간에 의견의 속도와 조율이 조금 동등해진다.

딸은 또 묻는다. 웰던이야? 미디엄이야? 하니 비행기 예약하다 어느새 고기 굽기로 간건지 모르겠다. 딸은 초고속으로 묻고 딸의 독촉에 나도 빠르게 답한다.

무슨 미디움을 먹어? 이런거 대답해야 미국을 가나보다 며 잽싸게 답을한다.

딸은 스무고개처럼 넘어가지않고 그럼 미디엄웰던을하

라며 알쏭달쏭 무지개같은말을한다. 매일매일 스스로 많은걸 결정하던 나는 허겁지겁 피어오는건 못먹는다며 뚝심있는 목소리로 잽싸게 말한다. 엄마라는 지위로 수십년간 내마음대로 밥을 먹이고 나는 막상 그런거 못먹는다고 징징댄다.

마치 말안들어주고 못들은체할까봐 떼쓰는 어린애같다.
딸은 그만하는줄알았는데 또 질문한다 .
저녁은 뭐먹을래? 아! 나는 상냥하기 이를데 없는 승무원과 대화한마디없이 먹고싶지않은데 딸은 또 저녁을고르라한다.
고기말고 없냐니까 고구마로 만든 뭔가가 있다고한다. 일이초 답을 늦게하려니 딸이 그냥 고기먹으라 한다.
고기가 제일낫다면서 불고기로 정했다고 통보한다.
나도 굴복하지않겠다는듯 저녁에 또 고기먹기싫다고! 하니 딸은 자기가 먹어봤는데 불고기가 그중 낫다며 굴복을 이끈다. 재미가 붙었는지 이번에는 출국심사줄에 서지않고 바로 나가는 스마트패스를 깔아주겠다며 또 길고 가는 손가락으로 현란한 터치를 한다.
나는 줄서도 된다고 이제 그만 하라한다. 손가락 보고있는것만도 머리가 아파온다 .

폰에서 아무거라도 바뀌면 큰일난다는듯 폰사랑이 끓어오른다.

스마트패스에 비번을 정했다며 숫자6자리를 말해주는데 잠시 머리에 지진이 온다. 외우라는건가?
가능하지않다는 생각이든다. 자그마치 6자리라니 짜증이 나려하는데 그나마 내차번호로 정해놨다. 그정도는 외울거같다.
나는 모든질문에 잽싸게 답하며 딸의 가늘고 하얀 손가락을 볼뿐이다.
모든과정을 온라인으로 해치우고 오늘 출국한다 .
딸이 예약한 비행기는 A380이고 자리는 프레스티지라 했다. 지난번탄 뱅기는 자리가 완전히 눕혀지고 칸막이로 완전히 막아져 옆을 봐도 뒤를봐도 괜찮더니 이뱅기는어깨높이만 가려지고 의자도 넓지않아 쿠션을빼는게 편하다.
공대생처럼 의자각도와 면적을 계산하며 의자가 발끝까지 펴지는지 궁굼하다.
긴 비행시간동안 의지해야할 티비와 나의눈이 사이가 멀어 막막하다. 혼자서 32키로짜리 가방세개를 무사히 운반해야한다.

어제 32키로에 맞추느라 일일이 무게를 달면서 가방을 꾸렸다.

오키로 넘게 나가는건 이키로와 삼키로로 나눠담고 팩소주 한박스는 네개씩 포장해 이리저리 나눠넣고 왜가져오라는건지 알수없는 물병도 안깨지게 둘둘말고 안전하게 꾸린다.

딸은 펼쳐진가방속의 내겨울옷들을보더니 "지금 아주 살러가는거 아니지?" 하며 옷들을 뺀다.

여지껏 한국에살면서도 큰딸집에서 하루도 안자봤는데 멀리타국에서 내맘대로 할수도없는데 겉옷들을 마구빼내니 "거기 춥다는데 그만 빼라"고 다급하게 소리친다.

손주들 만나면 울지말라며 내게 타이른다. 나는 낯선땅에서 적응할손주들생각만해도 눈물이나는판이라 눈물참으면 병난다고 항변한다.

고추가루도 잘싸서 가방밑에 넣었는데 언니가가져오지 말라했다며 꾸꾸르꾸꾸 비들기처럼 메시지를 전한다.

이젠 자매들끼리 말하고 내겐 전하라는 메시지만 전하나보다며 전해듣는자가되버린듯 썰렁하다.

가방 맨아래에 넣었던 고추가르를 싸그리 빼내고 새로

짐을 꾸린다. 전세계에 모든직원이 12월은 휴가라시간이 된다며 둘째사위가 공항까지 태워다준다한다. 가방 세개 중 이민가방이 바퀴도 작고 무거운데 같이 들새도 없이 사위 혼자 실었다.

주차요금내러간새 둘째딸은 예쁘고 해맑은 얼굴로 오빠!오빠! 같이들까? 괜찮겠어? 괜찮아? 하고 말만하고 그새에 오빠라 불리는 둘째사위가 혼자서 다실었다.
무거운 가방 치달리느라 나도 허리가 무지근한데 힘들었겠다며 사위걱정을 조금하다 눈이펑펑 오는 길을 보며 이거 길안막히겠냐고 비행기가 결항되는거 아니냐고 금새 딴소리를 한다.

딸이 가늘고 하얀 손가락으로 예약한 A380을타고 손주들 얼굴을 보러 공항으로 출발한다.

14
쓸데없는 걱정들

14

 딸이 결심했단다. 쌍둥이들을 데리고 미국으로 가기로.
 이미 날짜도 잡혔다. 매주 한 번씩 만나면 앞으로 14번 더 볼 수 있다고, 벌써 계산을 마쳤나 보다.

 처음에 딸로부터 그 얘기를 전해들을 때는 도저히 의연한 척 할 수가 없었다. 입으로는 잘됐다고 축하하면서 목소리는 떨렸다. 그럴 수도 있다고, 너희들 가고 싶은 대로 가는 거라고 쿨하게 말하고 싶은데, 울먹임을 누를 수가 없었다.
 우덜덜 떨림이 있는 목소리로 겨우 꺼내놓은 말이, 언제 결정한 거야? 였다. 질문인지 뭔지 모를 그 말에는 내가 듣기에도 서운함이 배어 있었다.
 모든 결정은 저희들끼리 내리는 게 당연한데, 내가 거기서 소외된 기분이 드는 것은 왜일까? 그리고 애들은 왜 마지막 순간까지 저희들의 고민을 숨긴 걸까? 내가 바짓가랑이 붙잡을 사람도 아닌데 왜?

아마 말이 길어질 것 같아 입이 안 떨어졌나 보다. 설명도 변명도 아닌 여러 말을 하고 또 해야 하는 번거로운 상황이 짐작됐나 보다.

나도 머리로는 알고 있다. 딸은 결혼했고, 이제는 모든 일을 남편과 상의해서 결정해야 한다는 것을. 그러나 쌍둥이들이 있으니 자꾸만 나도 알고 싶어진다. 알고는 있고 싶다.

언제 결정한 거냐는 내 질문에 딸은 왜 벌써 울먹이냐고, 마치 제가 엄마이고 내가 딸인 것처럼 나무란다. 사실 나도 어이가 없다. 축하해 줘야 하는데 이게 무슨 말인가? 손자를 영영 못 보고 세상 떠날 할머니 컨셉인가?

인생은 되풀이된다.

나의 엄마도 남동생이 처음 미국에 갈 때 울었었다. 지금 돌이켜 생각해 보니, 아들이 아는 사람도 없는 먼 나라 미국으로 간다고 했을 때 엄마 마음이 어땠을까 싶다. 그땐 몰랐던 짠한 마음이 이제야 든다. 나이를 먹으니 모든 헤어짐이 다 싫다. 하물며 내 피붙이, 내 손자들을 보내는 일은...
 다들 그러고 사는 거겠지? 달래줄 사람 하나 없어, 내 마음을 내가 달래 본다.

 혼자 유튜브를 보며 달래고, 노래를 들으며 달래고, 폭삭 늙은 할머니들을 보며 마음을 달랜다. 미용실에 모여앉아 수다를 떠는 아줌마들, 옷도 안 사면서 옷집에 앉아 말만 하는 여인들, 책방에서 홀로 책 고르는 사람들, 혼자 식당에 와서 먹고 가는 일인들을 보며 마음을 달랜다.

 '쌍둥이들한테는 잘 된 거야! 식구들이 다 같이 가잖아.'
 나는 자꾸 그 말만 힘차게 반복한다. 가족과 함께라면 어디든 갈 수 있는 거라고 쌍둥이들에게도 직접 말했었다. 너희들한테는 잘 된 거라고. 엄마 아빠와 함께, 네 식구가 같이라면 이 세상 어디든 가도 좋다고.

 할머니도 조금만 젊었다면, 영어만 됐더라면 같이 갔을지도 모른다고. 마치 나이가 많아 못 가는 것처럼 말했다.
 나는 상상해본다. 쌍둥이들과 제엄마 아빠, 이렇게 네 사람이 드넓은 미국 땅에 첫발을 내딛는 순간을. 넷이 함께라는 사실이 무기이고, 방패다.

사실 걱정할 것은 없다. 딸도 사위도 미국에서 공부했었다. 그 애들에게 미국은 남의 나라가 아니라 그리운 나라이다. 그러나 또 한편 생각해보면, 그건 학생 때의 얘기고 지금은 상황이 달라져 있다. 늙은 학생 겸 부모 겸 어느 동네에 새로 나타난 이민자로 살아야 한다.

어느 미국 식당의 새 손님이 되어야 할 테고, 어느 미국 슈퍼의 고객이 되어야 할 테고, 어느 미국 학교의 학부모가 되어야 할 것이다. 매일 끝없이 운전해야 하는 나라로 그들은 가는 것이다.

"아빠가 그러는데요, 미국 가서 쓸 돈은 다 준비해 놨대요."

뜬금없이 작은 쌍둥이가 그런 말을 한다. 아마 사위가 쌍둥이들을 앉혀놓고 이런저런 현실적인 이야기들을 일러준 모양이다. 나는 잘한 일이라고 생각한다. 이제까지는 한 번도 쌍둥이들에게 집안 형편이나 돈 문제를 이야기한 적 없었을 것이다.

아빠한테 현실적인 얘기를 듣고 마음에 담아두는 아이가 대견하다.

무엇보다, 쌍둥이라 든든하다. 어느 중학교의 학생이 되든 혼자는 아니잖은가. 눈이 파란 아이들이 함부로 대할까봐 그게 제일 걱정인데 말이다. 낯설고 덩치 큰 아이들에게 겁이 나고 쫄려서 말을 못 붙일까봐도 걱정인데, 어쨌든 혼자가 아니니 다행이다.

사실 이런 걱정도 노파심에 해당된다. 제 엄마가 예전에 '미쿡생활'을 얼마나 야무지게 잘 하다 왔는지를 생각해보면 말이다. 여러 군데 학교에서 트랜스퍼 허락이 떨어졌던 게 생각난다.

그게 엊그제 일 같은데, 벌써 세월이 이렇게 흘렀다. 내 딸이 집에 돌아와 결혼을 하고 쌍둥이를 이만큼 키워서 다시 제 손으로 이끌고 미국으로 가다니... 그러니 애들 걱정은 할 필요 없다.

걱정스러운 건 오히려 나다. 내 걱정은 고스란히 남아있다.

하루하루 늙어가다가 도대체 어디까지 늙어갈 것인가? 혹시라도 심장이 벌렁대다 죽을지도 모른다는 생각이 든다. 그러면 애들이 뒤치다꺼리 못 한다는 걱정, 아무도 돌봐줄 사람 없다는 걱정, 이 아까운 시간에 애들을 못 보고 나이만 먹어간다는 걱정...

그러나 그것도 다 복에 겨운 걱정이다. 여지껏 잘 보고 산 것이 행운이었다. 지금은 딸과 사위가 부모로서 한번 더 도약하는 시간이다. 돈만 갖고도 안 되고, 노력만 갖고도 안 되는 도전이다.

그런데도 쓸데없는 걱정은 남아있다. 쌍둥이가 미국에서 영 안 돌아올지도 모른다는 걱정, 한국말을 안 해서 나랑은 대화를 못 하게 될지도 모른다는 걱정, 미국에서 질 나쁜 친구를 만날지도 모른다는 걱정...
모든 걱정은 결국 쓰잘 데 없는 걱정임이 드러날 것이다. 그때까지 나는 씩씩하게 지내려 한다. 떠나는 아이들에겐 잘 다녀오라고 인사하려 한다. 거기가 좋으면 거기서 살라고 말하려 한다.

어차피 끝내 같이 살 순 없다는 진리를 답으로 두고 나는 내 마음을 추스린다. 그런데...
자꾸 눈물이 흐른다.

15
58년 개띠

15

'천만 실버 시대'라는 기사가 신문에 대문짝만하게 났다. 최근 5년 사이에, 유치원은 459곳이 줄고, 건보 지원을 받는 요양원은 3211곳에서 5090곳으로 늘어났단다. 아이들은 줄고 노인만 늘어나니, 노치원이 유치원을 대체하고 있는 셈이다.

세계에서 가장 빠른 고령화라는 얘기, 국내 순자산의 절반을 60세 이상이 보유하고 있다는 얘기도 덧붙여져 있었다.
노인빈곤률이 OECD 국가 중 가장 높은 것으로 알려져 있지만 그건 재산의 가장 큰 비중을 차지하는 부동산을 빼고 계산한 통계 착시란다.
그들은 '파워실버'라 할 만하다. 그들의 자산을 젊은 층으로 이전해 소비를 늘리고 경제를 활성화하는 '부의 회춘'이 우리 사회의 큰 숙제란다.

  내가 그 기사에 꽂혔던 건 '베이비 부머의 대표격인 58년 개띠' 얘기가 섞여 있었기 때문이다. 58년생들이 실버의 기준연령인 65세에 도달하며 노령인구가 천만을 돌파하게 됐다는 얘기다.

  58년 개띠. 나도 그 중 하나다. 57년에 태어나거나 59년에 태어났으면 조용히 묻어갈 수 있었을 텐데, 하필이면 58년에 태어나는 바람에 그 유명한 58년 개띠가 됐다.

  58년 개띠는 늙는 것도 단체로 늙나 보다. 드디어 65세 문턱을 넘는다고 신문에까지 실린 거 보니, 나는 강제로 정말 '실버인' 혹은 '노인'이 되어 버린듯 기분이 묘하다.

  늘 나는 아니고 '그들'이라고 생각한 집단에 이젠 나도 포함돼 버리다니…

  천만이란 과연 얼마나 큰 숫자일까?

  서울 사는 사람 수 만큼이라고들 하는데, 나는 서울에 얼마나 많은 사람들이 모여 사는지 알지 못한다.

  노인이 많다는 걸 체감하는 건 서울 근교에 우후죽순 생겨난 요양원들을 볼 때이다.

  저 많은 요양원을 채울 만큼, 병든 노인이 많다는 건가?

하긴 시설이라는 것이 꼭 병들어야 가는 곳은 아니다. 사람들이 실버타운이라 부르며 자기 발로 가기도 한다.

또는 아파트인 척 보이는 요양원도 있다. 양평 가다 보면 덕소 부근 어디쯤에 아파트 한 동 전체가 요양원이라고 대형 플래카드가 붙어 있다.
그 곳을 지나칠 때면 나는 저절로 생각하게 된다.
저 아파트 각 세대, 방방마다 다 움직이지 못 하는 노인들이 누워있는 건가? 누가 그들을 돌본단 말인가?
물론 돌보는 사람은 있다. 가족이 아닌 요양보호사들, 간병인들, 직원들, 경비원들....
그들은 노인들을 돌보고 돈을 번다. 돈이 아니라면 몸도 힘들고 정신도 힘든 노인을 누가 돌보겠는가?

돈이면 다 되는 세상이면서, 동시에 돈으로만 해결하려는 세상이다. 나라고 별 수 없을 것 같다. 개띠들이 너도나도 요양원에 맡겨질 때쯤엔 나도 피하지 못 할거 같다. 나 같은 일개 콩알 팥알이 어떻게 거대 물살을 피하겠나 싶다.

늙는다는 건 알 수 없는 미래에 대한 불안이 커진다는 거다. 이러다가 정신이 없어지면, 무릎이 안 구부러지면 꼼짝없이 어딘가에 갇힌다는 두려움을 떨칠 수 없다.

쓸데없이 말 많이 하지 말라는 아버지의 가르침대로 말 없이 있다가 단어를 모조리 잊을까 걱정된다. 그렇다고 말 많이 하다가는 주책에 푼수가 될까봐 걱정된다.

두려움 없이 떠들 수 있는 건 다 같이 누군가를 욕할 때 뿐이다. 각 모임마다 반드시 있는 푼수나 4차원을 뒤에서 씹을 때, 겁없이 실컷 말할 수 있다.

게다가 세상에는 맘껏 욕할 수 있는 공적인 집단이나 개인도 꽤 많이 존재한다. 그들은 매일 같이 뉴스거리를 만들어내고, 신문이나 방송은 그것을 국민들의 대화 소재로 분주히 전해 준다.

그렇게 집단 속에 파묻혀서 하루하루 늙어간다. 그러다 보면 어느 날 '실버'라는 딱지가 붙고 또 언젠가는 요양원에 갇혀버린다.

각자의 집에 살며, 서로 다르게 살던 개인의 삶은 끝이 난다. 58년생들이 갇히고 나면 59년생들이 갇히고 그 다음 60년생들이 갇힐 것이다.

61년 이후 출생자들도 마찬가지인데 그들은 아직 노년이 자신의 일이라 여기지 못 하고 있다. 대처할 시간이 남아있다고 느끼는 모양이다. 아직은 그들을 싸잡아 부를 이름이 없어서일까?

58년 개띠는 베이비부머라고 불려왔다. 마치 그들이 작당을 해서 갑질이라도 하고 다닌 것처럼 사람들은 '58년 개띠들'이라고 부르곤 했다. 사실 따지고 보면 주변에 58년생이 그리 많지도 않다.

적당히 있을 만큼 있을 뿐이지, 백 명 이백 명씩 몰려있진 않다. 동갑이란 학교 다닐 때나 실컷 보는 거지 현실에선 드물다. 내가 아는 58년생은 고작 열 명 내외다.

자료를 찾아보니, 실제로 58년생의 인구는 75만 가량이다. 59년생, 60년생이 더 많다. 가장 많은 건 70년 개띠이고 말이다.

그런데 왜 사람들은 58년 개띠를 별나게 취급할까? 그들만 격리해도 세상이 조용할 것처럼 말이다.

이럴 거면 차라리, 우리끼리 작당을 해볼까도 싶다. 강감찬 장군의 지휘를 받는 군사처럼 이 산 저 산으로 떼지어 다니며 '이 산이 아닌가벼' 했다가, 다시 '저 산이 맞았던가벼' 하며 머리수를 자랑하다가 한꺼번에 모조리 요양원으로 이주하며 개띠 요양원을 만들면 어떨까?

사실 58년 개띠들에겐 그럴 힘도 없다.

현직에서는 거의 은퇴를 했고, 가정도 이미 부실해져서 이름만 겨우 남아있다. 가장이라고 해봤자 1인 가족이나 2인 가족의 우두머리일 뿐이다. 자녀들은 각자의 삶을 찾아 떠났고, 개띠들은 이제 막 인생의 덧없음을 느끼는 중이다.

앞서간 세대들과 같은 길을 밟고 있다. 우리 엄마도 그런 길을 갔었다. 장기 요양보험의 다양한 혜택들을 하나하나 받아가며 자식들 손에 '관리' 됐었다.

노치원도 다녔고, 요양원도 가봤다. 그 전에는 집으로 요양보호사가 드나들기도 했었다. 그런데 아무리 좋은 요양원도 엄마에게는 아는 사람 하나 없는 낯선 곳이었고,

아무리 좋은 요양보호사도 엄마에겐 낯선 사람일 뿐이었다. 엄마 곁엔 아무도 없었다.

　엄마가 아프기 시작했을때 그 즈음 나도 바빴다. 나를 찾아대는 엄마의 전화는 받기 꺼려졌다. 엄마는 주로 엄마집에 오라는 말을 했다. 그 집은 원래 우리집이었는데, 내게 집이 생기니 그때부턴 엄마집이라고 바꿔 부르기 시작한 것이다.
　우리 식구, 우리 집, 우리 엄마, 우리 차, 우리 딸, 우리 아들... 어린 시절 가장 많이 하고 들은 말은 '우리'였다.

　엄마는 아마 그 '우리' 라는 말이 영원할 줄 알았을 것이다. 그래서 한 평생 '엄마의 정석' 처럼, '엄마의 해법' 처럼 '슬기로운 엄마생활' 처럼 엄마에 집중해서 살았을 것이다. 그러다 마지막엔 혼자가 되어 낯선 사람들과 밥을 먹어야 하니 이젠 엄마비대위나 비상대책엄마모임을 구성해야 할 판이었으리라.

　나도 그렇다. 한때는 총명하기 이를 데 없는 엄마여서 자식이 몇 시에 학교 수업이 끝나고 집에 오는 데 시간이 얼마나 걸리는지, 중간에 햄버거 사 먹는 시간까지 증거를 수집해서 시간이 남거나 모자라면 오다가 뭐했냐고 형사처럼 캐묻던 그런 시절이 있었다.

그러나 지금은 자식들에 대해 더 이상 증거를 수집할 능력이 없다. 어디서 뭐하는지, 무엇을 먹는지 알려고 하면 안 된다.

나 자신이 어제 뭘 먹고 누굴 만났는지도 기억이 흐려진 판국이니 말이다.

한때는 엄마위원회에서 한 자리씩 맡을 뻔한 여인들, 한때는 슬기로운 엄마생활의 편찬자에 이름을 올릴 뻔한 여인들도 결국은 엄마를 반납하고 혼자 남는다.

엄마란 존재는 자식이 어릴 때나 필요한 것임을 알게 된다. 그걸 알지만, 함부로 떠들고 다니지는 않는다. 엄마들에게는 그런 엄마 강령 같은 게 있나 보다.

어쨌거나, 흔해빠짐과 하찮음의 상징인 58년 개띠들이 천만 실버 시대의 장을 열었다. 오늘부터 나는 개띠가 아닌 척 하고 살아야겠다. 개떼처럼 마구 낳은 그런 세대가 아니라며, 시니어니 실버니 요양원이니 하는 말도 아직은 상관없다고 생각하며 살아야겠다.

16
수영장

16

　새벽 수영을 십 년쯤 다녔다.
　나는 수영 다니는 걸 좋아했다. 헤엄치는 것도, 물속에 마냥 있는 것도, 사우나도 좋았다.
　'새벽 첫 타임'이라는 부지런한 시간대도 좋았다. 그리고 수영장 아줌마들을 오래 만나 친해지는 것도 좋았다. 따지고 보면 그만큼 오래가는 사람들도 없다.

　그렇게 좋아하는 수영인데, 수영장으로부터 점점 멀어지는 기분이다. 얼마 전까지만 해도 가끔씩 혼자가곤 했는데, 무릎을 다친 뒤로는 영 못 가고 있다.
　같은 이유로 내가 좋아하는 아차산에도 못 오르니 나날이 할 수 있는 게 준다.
　오랜만에 만나는 사람들은 왜 이렇게 살이 쪘냐고 놀란

다. 살이 찌면 다 비슷하게 보인다. 얼굴선이 뭉개지고 두 턱이 생긴다. 얼굴이 넓어지고 뼈란 뼈는 다 깊이 숨어들어 광대뼈나 눈썹뼈가 아예 없던 사람처럼 둥글다 못 해 찐빵처럼 부풀어 오른 얼굴이 된다.

살이 차오름에 따라 눈의 면적은 줄어들고 코도 솟구치는 볼살 속으로 묻혀 어린애 코처럼 작아 보인다.
이런 날이 올 것을 대비하는 차원에서, 코는 큰 게 좋다고 하나 보다.
어쨌거나 나는 무릎을 다친 뒤로 나의 원래 모습을 잃어가고 있다. 무릎이 나으면 수영을 하게 될까?

외국에 나가면 할머니들도 꼭 비키니를 입는다. 배는 울룩불룩하고 잘 걷지도 못하면서도 그들은 대담하게 폭포 밑에까지 들어가 수영도하고 물도 맞는다. 당당하고 자연스럽다.
그런데 한국의 할머니들은 그렇게 수영을 잘 하면서도 야외에서는 수영복을 잘 안 입는다. 수영강습반에서는 선수반이 말발도 제일 세고, 군기도 세면서도 물놀이 워터파크 같은 곳에 나오면 기가 죽는다.
할머니들끼리 야외수영장에 가는 것은 아예 보지도 못

했다.

물놀이와 할머니는 어울리지 않는다고 생각하는 것 같다.

야외수영장이란 어린이가 있는 가족이거나 몸매를 자랑하고 싶은 청춘 남녀들의 전유물이 돼 버렸다.

워낙 물을 좋아하는 나는, 올 여름이 가기 전에 야외 수영장엘 가보고 싶은 마음이었다. 그러나 같이 갈 사람이 없어서 못 가고 있었다.

그런 내 사정을 알았던지, 며칠 전 쌍둥이가 수영장을 가자기에 나는 진심으로 기뻤다.

아무 데나 가지 말고, 뚝섬 야외수영장으로 가자고 선동했다. 우리 셋은 바로 의기투합했다. 전날, 우리집에 와서 자고 아침 일찍 가기로 했다.

나는 즉시 수영장 갈 준비를 시작했다. 몇 년째 어느 구석에선가 썩고 있을 나의 야외수영복. 작년에 하와이 갔을 때도 수영복을 못 찾아 그냥 반바지에 티셔츠 차림으로 바닷물에 들어갔었다.

도대체 내 수영복은 어디로 갔단 말인가? 다시 갈 기약도 없는데 사기도 그래서, 구석구석 뒤졌다. 그러다 겨우 찾은 게, 래시가드다.

입어 보니 그새 길이가 짧아졌지만, 그냥 입기로 했다. 누가 보겠는가?

'누가 보겠는가?' 와 '남들이 알게 뭔가?' 에 진심이 되는 나이다. 아무도 안 본다, 아무도 모른다에 열 표라도 던지고 싶다. 누가 보든 말든, 어떻게 생각하든, 나는 내 식대로 할 것이고, 그럴 수밖에 없다.

그런 기분으로, 나는 수영장에 도시락을 싸가기로 했다. 수영장 갈 생각에 쌍둥이들보다 더 들뜬 나는, 어릴 때처럼 해보고 싶었던 것 같다.

예전에 우리 엄마가 창경원에 데려가서 벚꽃인지 먼지인지 분분히 날리는 어딘가에 돗자리 깔고 찬합을 펼치던 일, 초등학교 운동회에 온 동네 사람들이 잔치라도 벌이듯 모여서는 바리바리 밥 싸와서 둘러 앉아 먹던 일, 대천 앞바다에서 텐트치고 며칠 동안 먹고 자면서 피서라는데 이상하게 덥고 지저분해서 별로 안 즐거워 고개를 갸우뚱거리던 일...

그때처럼 해보고 싶었다. 피자나 치킨, 닭꼬치 같은 거 먹기 싫고, 물가에 앉아 도시락을 먹고 싶어졌다.

아침에 일찍 잠이 깬 쌍둥이에게 좀 더 자라고 했다. 해가 중천에 뜬 다음 일어나도 된다며, 나도 더 잤다.

그러다 8시 넘어 일어나 찹쌀로 밥을 하고 잔슨빌 소시지를 볶고 김치도 볶음 김치로 만들고 불고기에 계란말이도 해서 순식간에 후르륵 팍팍 도시락을 쌌다.

아침까지 먹고 떠나려면 바빠서 애들에게는 주먹밥을 하나씩 쥐어주고 짐을 꾸렸다. 정수리 쪽 땀구멍에서 옹달샘도 아닌 폭포수처럼 땀이 쏟아져 눈을 뜰 수가 없다.

할 수 없이 옛날 우리 엄마가 복날 삼계탕 끓일 때 그랬던 것처럼 목에 수건 하나를 걸쳤다.

한 여름에 노는 것도 만만치 않은 일이다.

딸은 마치 매니저라도 되는 것처럼 전화를 해 멀리 가지 말고 가까운 회관 수영장을 가라고 한다.

나는 '내 맘이지!'라고 쏘아붙이고 싶은 걸 꾹 참고, '거긴 음식물 반입 금지라 싫다' 고만 했다. 그랬더니 딸은, 더워 죽겠는데 무슨 음식물을 가져가냐고 질타한다.

이미 다 만들었다니까, 깊은 한숨을 쉰다.

나를 고집쟁이 할망구처럼 여기는 듯한 말투로 '알아서 해!'라고 한다.

마침내 출발이다. 바퀴가 달린 가방에 다 챙겨 넣고 우리는 삼총사처럼 집을 나섰다.

  시원한 곳에 있다가 길에 나서니 작열하는 햇빛으로 눈 뜨기도 어렵다.

  이미 땀을 많이 흘린 나는 순간 맥이 빠지려고 하지만, '나는 누구?' '여긴 어디?' 하며 정신줄을 부여잡는다. 우리는 뚝섬 수영장으로 향한다.

    다행히 카카오택시의 도움으로 수월히 뚝섬 야외수영장

ⓒ권일채 2024

에 도착했다. 택시를 부를 때도, 매표소에서 표를 구입할 때도 우리 셋은 손발이 정말이지 척척 맞는다.

할머니와 손주로 이뤄진 우리 멤버는 나무 밑 그늘의 명당자리를 선점해서 돗자리를 깔고 바로 물속으로 뛰어들었다.

친구처럼 셋이 몰려다니며 물속에서 첨벙거리느라 시간 가는 줄도 몰랐다. 그러다 어디선가 호루라기 소리가 들려 귀 기울여보니 지금부터 사십 분 간은 점심시간이란다.

돗자리 위에 찬합을 펼쳤다. 찰밥도 반찬들도 아직 뜨끈뜨끈하다. 쌍둥이들은 정말 자연스럽게 아무렇지 않게 돗자리 위에 앉아 점심을 먹기 시작한다.

소시지를 더 달라, 불고기를 더 달라, 나는 계란은 싫다, 물을 달라며 잘도 먹는다. 딸이 봤더라면, 이런 데서 밥 먹인다고 기절초풍할지도 모를 일이다.

주위를 둘러보면 대부분 치킨과 컵라면으로 식사중이다. 그들 눈엔 찬합에 담겨진 밥과 반찬을 잔뜩 펼쳐 놓은 우리가 이상해 보일까? 누가 보랴? 알게 뭐야?

사십 분의 시간이 어느덧 지나고 다시 호각소리가 들려왔다. 돗자리에 늘어져 있던 우리는 기다렸다는 듯 입수한다. 그렇게 자그마치 세 타임을 뛰고 짐을 챙겨 돌아오니 오후 네 시가 넘었다.

셋 다 얼굴이 새까맣다. 쌍둥이는 오늘 너무너무 재미있었단다. 나도 물론 재미있었다.

애들이 집으로 돌아가고 나는 새까맣게 탄 얼굴로 빨래를 했다. 쌍둥이 덕에 야외수영장에 다녀오니 가슴까지 시원해진 듯하다. 어릴 때처럼 돗자리에 앉아 밥 먹은 것도 무척 즐거웠다.

나는 까만 얼굴에 팩을 붙이고 누워서 생각해 본다. 어쩌면 앞으로 야외수영장에 갈 일이 다시 없을지도 모른다. 오늘처럼 즐거운 날은 다시 없을지도 모른다.

그러나 굳이 그런 생각을 할 필요가 있을까?

사람은 너무 느끼며 살 필요가 없다. 그냥 살다 보면 행복한 기억이 쌓인다.

쌍둥이는 내게 그렇게 가르친다.

17
쓸쓸한 뒷담화

17

 사촌동생이 미쿡 가는 우리 쌍둥이들 용돈을 주러 왔다. 우리는 옛날 사람들이다. 무슨 일에건 돈을 주고 받는다. 돈 말고는 줄 것도 받을 것도 마땅치 않다.

 동생은 달러를 이쁜 봉투에 넣어서 쌍둥이들 주라며 내게 내민다. 요즘 나는 이런 봉투 심부름을 자주 한다. 주방에서 일하는 아줌마들도, 동네에서 놀던 아줌마들도 백 불짜리 봉투를 만들어 내 손에 쥐어 준다. 쌍둥이들 갖다 주라고.
 그럴 때마다 나는 괜히 쓸쓸해지고 눈시울이 붉어진다. 별일 없는 평범한 하루도, 해가 질 때면 서쪽 하늘에 뜨겁고 붉은 기운을 한번씩 남기듯이 같이다.
 '떠나는 님아' 라는 노래가 문득 떠오른다. 아니, 온갖 노래가 다 떠오른다. 노랫말마다 진심이 느껴진다. 유치찬란

한 뽕짝일수록 더 진짜다. '차표 한 장 손에 쥐고 떠나야 하네'를 인생 노래로 삼는다 해도 이상할 게 없다.

우리 아버지의 18번은 '하숙생'이었다. 아버지가 노래하는 걸 딱 한 번 봤는데, 그때 이 노래를 하셨기 때문에, 내게는 아버지의 노래 하면 '하숙생'이 떠오른다. 아마 그날은 당신의 회갑날이셨던 것 같다. 무대에 오른 아버지가 고르고 골라서 부른 노래가 이 노래였다. "노래에 회한과 쓸쓸함이 담겼군요!" 마이크 들고 사회 보던 이가 마치 가요무대 진행자처럼 말했었다. 우리 아버지의 인생을 알았다면 그 '회한과 쓸쓸함'이 어디서 온 것인지 알았을텐데 말이다.

아버지는 스무 살 무렵에, 그놈의 전쟁 때문에 집을 떠나 헤어진 부모님을 다시는 만나지 못 하고, 타향에서 헤매듯 살다가 환갑을 맞았다. 그나마 순한 가족을 일궈 아들 손자 며느리 다 모아놓고 찍은 사진 한 장을 남긴 것이, 아버지가 인생에서 건진 유일한 그 무엇이었다. 환갑의 아버지가 하얀 모시 한복을 입고, 마치 팔순을 맞은 노인처럼 슬픈 표정을 하고 잔칫상의 주인공으로 앉아 계신 그 울긋불긋한 총천연색 사진은 어디다 둘 데도 마땅치 않게 커다란 몸집으로 남아 있다.

삶이란 결국 그렇게 한 장의 사진으로, 옷 한 벌로, 신발 한 켤레로 남는 걸까?

나는 동생이 건네준 달러 봉투를 눈물 젖은 눈으로 내려다보았다. 동생은 어서 집어 넣으라고, 나중에 쌍둥이들 전해주라고 한다. 나는 동생에게 "네가 직접 주지" 했지만 동생은 고개를 절레절레 젓는다. 미국 갈 준비하느라 정신 없이 바쁠 텐데, 연락하고 만나고 하며 애들 번거롭게 하기 싫단다. 전형적인 서울 사람. 어찌 보면 깔끔하고, 어찌 보면 정붙일 데 없는 서울 사람의 자세다.

그래도 그 애의 눈에 내가 무척 처량해 보이긴 했나 보다. 그만 하면 쌍둥이들이 언니 곁에서 으레 산 거라고, 아쉬워 말라고 위로해 준다. 애들이 영원히 언니 곁에서 북적거리며 살 순 없다고, 인생은 결국 혼자 남는 거라고, 마치 득도한 듯, 혹은 제가 언니인 듯 말한다. 그러더니 "에잇. 나처럼 무남독녀로 살아봤어야 쓴맛을 알 텐데"라고 해서 같이 웃었다.

웃고나니 서글펐다. 이렇게 나도 '남겨진 사람'이 되는 건가? 엄마처럼 혼자 남는 건가? 조금 막막해진다.

엊그제는 오랜만에 지인 한 사람을 만났다. 그새 몹시

아팠었다는데, 나는 그런 줄도 몰랐었다. 아팠던 원인은 본인이 더 잘 알고 있었다. 여수로, 제주도로, 너무 싸돌아다녀서 몸살이 난 거라고. 남들이 '가자' 할 때마다 따라나섰더니 병이 났다고 한다.

"얼굴 봐선 안 아파 보여. 그래서 몰랐네. 미안하게."
내 말에 그녀는 눈물을 찔끔 닦는다. 마음이 약해진 걸 보니, 많이 아팠나 보다. 그녀는 내게 어리광을 하듯 말했다. 밖에 나가서 고기랑 야채랑 과일을 사 와서, 안 넘어가는 걸 겨우겨우 먹었다고. 아들이 자꾸만 기다려지더라고.
그놈의 아들 딸이 문제다. 왜 자꾸 생각이 날까. 유튜브에 잘 나오는 황창연 신부의 말을 그녀에게 전한다. 엄마가 뭐 먹고 싶은지 아들들이 어떻게 아느냐고.

어쩌면 인간의 외로움은 음식에서 나온다. 혼자 나가고, 혼자 다니고, 혼자 자고, 혼자 잘도 깨어나지만, 먹을 때는 혼자인 게 쓸쓸해진다. 나 역시 혼자 먹기가 고역이라, 같이 밥 먹을 사람을 찾으러 인디애나 존스처럼 이곳저곳을 헤매고 다닌다. 끼니 때가 다가오면 머릿속에서 째깍째깍 시한폭탄 타이머 돌아가는 소리가 들린다. 같이 밥 먹을 사람을 찾으려면 누구와 접선을 시도해야 할지 초읽기에 들어간다.

가게에 오는 손님들을 바라본다. 가족이 함께 오는 손님들도 그다지 화기애애하지는 않다. 오히려 말 한 마디 없이 먹기만 하는 사람들이 진짜 가족들 같다. 너무 정다우면 진짜 저런 가족들도 있나 의심스럽다.

내 또래 여인들 세 명이 냉면을 먹으러 왔다. 그들 중 한 명이 눈짓을 한다. 저 사람들 좀 보라고. 여인들은 몰래 곁눈질을 한다. 그들 건너편에 일가족이 앉아 있다. 늙은 부모와 젊은 부부. 그런데 그 젊은이들이 입은 커플 셔츠의 등에 '사위' '딸'이라고 씌어 있다.

세 여인 중 하나가 속삭인다. 저 집 시어머니가 보면 서운하겠다고. 그러자 그 옆의 여인이 말한다. 요즘은 딸 가진 집이 최고라고, 아들 있는 사람은 외롭다고. 그러자 맨 끝의 여인이 한숨 쉬며 말한다. 딸 가진 엄마도 어릴 때나 엄마지, 나이 들면 외롭긴 마찬가지라고. 그녀들의 대화에 내가 끼어들었다. 나도 딸 있는데, 다음 주에 미국으로 이사간다고. 그러자 그들이 너도 나도 위로의 말을 건넨다. 눈물 나겠네. 그러나 너무 섭섭해하지 마요. 자식보다는 같이 밥 먹는 친구가 최고니까. 그들은 어느새 인생 설교를 늘어놓기 시작한다.

일만 하지 말아요. 돈만 벌다 관절염 걸려서 못 걸어다니는 사람 많아요. 뭐든 적당히 해요.

매일 돌아다니는 나는 속으로 찔끔한다. 그렇게 일만 하며 살지는 않는다고, 변명처럼 말한다. 여인들은 다행이라는 듯, 고개를 끄덕이고는 다시 냉면을 먹기 시작한다.

며칠 전 고모부가 전화를 하셨다. 전화기 액정에 고모부 이**이라고 떠서 반가웠다. 전화를 받자마자, '아, 고모부! 고모한테 무슨 일 생겼어?' 하고 물었다.

그러자 고모부는 헛웃음을 웃으며 '맨날 그렇다' 하시더니, 나더러 '잘 지내냐' 고 물으신다. 나는 갑자기 말문이 막혔다. 잘 지내냐는 말이 생전 처음 들어보는 말처럼 귀에 걸리고 목에 걸렸다.

"아이고. 내 걱정 해주는 사람 처음으로 한 사람 나왔네. 하하하."

나는 고모부에게 왈왈댔다. 어쩌면 이렇게 내 걱정해주는 사람이 세상천지에 하나도 없냐고. 그러자 고모부는 내 이름을 어릴 때처럼 부르시며 말씀하신다.

"경미야! 네가 아직 어려서 뭘 모르는데, 세상은 본시 아무도 없는 거라. 원래 그런 거라."

그 말에 나는 억울해서 그런다고 말한다. 내가 제일 어른이라는 게 말이 되느냐고. 고모부는 웃으시고, 나는 치매에 걸린 고모의 안부를 묻는다. 요즘 상태가 어떠시냐고.

고모부는 고모 때문에 힘들다고 말한다. 똥을 싸면 닦아 줘야 하는데, 옷도 안 벗으려고 하고 씻기 좋게 다리도 안 벌리려고 한다고. 그렇게 네 고모가 억지를 피운다고 하소연을 하신다. 그 말에 나는 대뜸 말해 버렸다.

"아! 고모부도 할 만큼 했으니 고모를 요양원에 보내요. 그렇게 해도 아무도 뭐라 안 해. 내가 고모래도, 남편이 똥 닦는다고 옷 벗어라, 다리 벌려라 하면 싫을 거 같아."
"허허…."
"그러다 혹시 고모한테 막 화내고 윽박지르시는 건 아니죠?"
"왜 아냐? 윽박도 지르고 하지. 아픈 사람이라는 걸 알지만 힘을 너무 빼니 그저 한 대 쥐어박고 싶을 때도 있어."
"그러니까 그냥 요양원에 보내요. 고모부도 할 만큼 했어. 그리고 이렇게 사는 게 무슨 의미겠어요?"
나는 마치 결정권자라도 되는 양 내 맘대로 말한다. 그러면서도 고모부가 고모를 요양원에 보낼 생각이 없다는 건 알고 느끼고 있다.

"고모부도 혼자 남을까봐 안 보내는 거죠? 맞잖아."

"그래. 맞다."

고모부는 한숨을 길게 쉬며 그렇다고 한다.

고모에겐 고모부밖에 없듯, 고모부에게도 고모밖에 없다. 나는 고모부가 내게 전화한 이유를 알 것 같다. 누구하고든 이런 얘기를 나누고 싶었던 거다. 힘들다는, 그러나 어쩔 수 없다는, 예전이 그립다는...

"그렇게 똑똑하던 너희 고모가 이렇게 될 줄 누가 알았나?"

"그러게요."

"오빠들 따라 열 여섯살에 피난 내려와 자기 혼자 힘으로 똑똑하고 야무지게 대학까지 졸업한 사람인데..."

"아, 어떡해. 친가도 외가도 치매 유전자가 있어. 난 치매에 걸릴 거야. 우리 모조리 다 걸릴지도 몰라."

"허허."

"고모부! 내 걱정해 주서서 고마워요."

"자식들은 다 소용없어."

"자식들 뒷담화는 담에 해요. 나도 할 말이 많아."

"허허."

서쪽 하늘에 쓸쓸한 뒷담화 같은 노을이 번지고 있다. 곧 어둠에 가려질 마지막 열기를 뿜으며...

18
장소와 시간

18

 나도 한때는 젊고 예뻤다. 그런데 그 젊고 예쁘던 시절은 써먹을 새도 없이 빠르게 흘러가 버렸다. 소중한 시간을 쏜살 같이 낭비하기에 딱 좋은 장소는 식당이다.
 일이 많아서, 언제 세월이 이렇게 가버렸는지 알 수가 없다.

 인생을 너무 앞당겨 살았다. 젊기도 전에 세 아이의 엄마가 되었고, 예쁘기도 전에 젊음이 묻혔다. 나의 예쁨과 젊음은 예전 사진 속에만 남아 있다. 힘든 표정인데도, 지금 내 눈엔 연예인처럼 이뻐 보인다.
 저렇게 이쁜데, 식당에 붙들려 있었다는 게 신기하다.
 나는 이렇게까지 오래 이 일을 하게 될 줄은 몰랐다. 처음부터 하고 싶던 일도 아니었다. 그러나 하다 보니 여기까지 왔고, 나름은 얻은 것도 있다.

우선 손님들.

나는 그들과 함께 늙어가고 있다. 내게 그들이 의미 있듯, 그들에게도 나의 식당은 의미가 있을 것이다. 언제든 마음 편히 갈 수 있는 곳? 아들집 딸집보다 마음 편한 곳?

나 역시 자식들 집엔 맘대로 못 가도, 카페나 식당에는 맘대로 간다. 특히 내가 좋아하는 장소는 주인이 혼자 하는 작은 카페다. 여사장님이 반갑게 맞아주는 아담한 카페. 메뉴가 수학 함수처럼 어렵지 않은 카페. 늘 주인이 나를 반갑게 맞아 주니 혼자 가도 괜찮은 카페.

나의 냉면집도 누군가에게는 그런 장소일 것이다. 그들은 나를 찾아온다. 어쩌면 늙지도 않고 고대로냐며 마치 눈이 안 보이는 사람처럼 손부터 덥석 잡는다.

나는 그들의 덕담에 눈물이 나도록 웃으며 그들의 주름진 손등을 쓰다듬는다.

나는 식당에서 인생도 배운다. 그곳에서 나의 과거를 보고, 현재를 만나고, 미래를 엿본다.

어린 자식들과 젊은 부모가 몰려다니는 것을 보며 그들에게 남은 시간이 의외로 길지 않음을 생각한다. 더 이상

머릿수를 자랑할 수 없는 중년들이 서로 안부를 물을 때는, 그들이 이 위태로운 시기를 무사히 지나기를 바란다.

요즘 같은 명절 때에는 노부모를 모시고 냉면을 먹으러 오는 젊은 부부들도 부쩍 많다.

그러나 늙은 어머니는 말이 없고, 늙은 아버지는 눈동자로 허공만 더듬고 있다. 그들은 마치 좌천된 새 부서에서 낯선 업무를 인계받은 사람들 같다. 인생은 마지막에 뭘 거둬들이거나 뭘 남기는 농사 같은 게 아니다. 그냥 쇠약해지다가 사라지는 거다.

언젠가는 집을 떠나 어디론가 가야 하는 거다. 존경받는 노인이라든가, 지혜로운 어른이라는 말은 속임수에 불과하다. 노인에게 지혜가 있다면, 그는 그 지혜를 어딘가에 숨겨놓고는 장소를 잊어버렸든가, 얼른 보따리에 싸서 요양원에 가져가야 한다.

인생은 농사짓는 것과 다르다. 아니, 농사는 이제 끝났다. 수확의 시기가 지나고 지금은 춥고 메마른 긴 겨울이다.

내가 지금 벌이는 일들은 결실을 거두기 위한 일들이 아니다. 이대로 사라져버리기엔 뭐해서 손대 보는 것들이다.

한때는 바둑을 배우러 다녔다. 어릴 때 누군가 바둑을

가르쳐줬는데 그때 잘 배워둘 걸 하는 아쉬움이 있었다. 그래서 찾아간 바둑교습소에서, 선생은 내가 마치 이세돌이나 되는 것처럼 열성적으로 가르쳤다.

우선 바둑의 용어부터 설명했다. 우리가 쓰는 말 중에 호구, 단수, 포석, 미생, 사필귀정, 묘수, 계가, 국면, 꼼수, 사활, 사단, 무리수, 수순, 자충수, 초읽기 같은 단어들은 다 바둑 용어란다. 말귀를 못 알아들으면서 알아듣는 척을 하다가 이내 포기해 버렸다.

학원을 그만두려 하니 원장이 나를 붙잡으며, 꽥꽥대는 남선생 말고 여선생을 붙여주겠다고 했다. 그래서 잠시 더 머물며 배워봤지만, 소용없었다.

여선생은 내게 자꾸 물었다. 자! 이제 어디다 놔야 되죠? 그러면 나는 속으로 투덜댔다. 그걸 알면 내가 여기 왜 다니겠느냐고. 그렇게 점점 미궁 속으로 빠져들다가, 바둑과는 바이바이 해버렸다. 기억나는 거라곤 바둑돌을 손에 들고 어디다 둘지 몰라 눈으로 더듬던 순간들뿐이다.

제대로 된 바둑 한 판 해본 적이 없다. 광나루에 산다던 어떤 아줌마는 자기랑 같이 여성바둑인협회에 다닐 마음이 없느냐고 물었다. 거긴 돈도 안 들고 바둑을 둬볼 수 있다고 같이 다니자 했다.

그러나 나는 머리가 지끈거려서 못 하겠다고 했다. 그녀가 내게 급수가 어느 정도냐고 묻기에, 급수는 무슨, 무급이라고 대답했다.

그 뒤로 아예 바둑 쪽은 쳐다보지도 않았다.

그런데도 한강에 가면 차가운 강바람을 피해 잠바를 껴입은 할아버지들끼리 둘씩 마주앉아 고개를 잔뜩 수그리고 바둑 두는 장면을 한참씩 쳐다보게 된다.

계절은 이미 초겨울인데, 옷을 챙겨줄 사람 하나 없는지 얇은 여름옷을 입고 팔짱을 끼거나 뒷짐을 진 채 빙 둘러서서 관전하는 무리들도 많다. 어쩌면 그래서 내가 바둑을 우습게 봤나 보다. 거리의 노인들도 다 두는 거라고 말이다. 알고 보면 다들 길거리 고수들이었는데…

어쨌거나 바둑을 두러 다녔던 걸 아무도 모르는 채 끝나서 다행이라 생각했다. 그런데 얼마 전 동네 아줌마들하고 저녁 먹으러 가는 내 눈에 또 '그것'이 눈에 띄었다. 어느 건물 이층에 붙어 있는 '어린이 바둑'이라는 간판이었다. 일단 사진부터 찍어뒀다.

그리고 며칠 뒤 그 사진을 확대해서 전화번호를 확인하고 전화를 걸었다. 거기 가면 바둑을 배울 수 있느냐고 물었다. 예전에 잠깐 배운 적이 있다는 말은 아예 뻥긋도 안 했다. 그러자 원장은 어린이들만 상대하는 사람 특유의 아기자기한 말투로 한번 와보시라고 한다.

그 말을 듣고 찾아가 보니 어린이들만 십여 명 꼬물꼬물 들어차 있다. 그런데 원장이 나를 알아보고 인사를 한다. 자기가 우리 가게 손님이란다.

어쩔 수 없이 나는 내 정체를 인정해야 했다. 나 자신을 전업주부라고 소개하는 게 제일 자유로운데, 그러기는 글렀다.

원장에게 개인 레슨을 받아보고 싶다고 하니, 그는 그럴 필요 없다고 한다. 그냥 시간 날 때마다 학원에 나오란다. 그가 학원 꼬마들에게도 나를 어느 냉면집 사장님이라고 말한 모양이다.

꼬마들이 내게 다가와 '나 할머니 뭐하는 줄 알아요!' 하며 재잘댄다. 우리 쌍둥이도 6학년인데, 이 아이들은 다 1, 2학년밖에 안 된 애기들이다. 바둑 수업이 끝나면 꼭 엄마들이 아이를 데리러 온다.

젊은 엄마들과 마주치면 그들이 나를 알거라는 전제 하

에 기품 있게 인사하려고 애쓴다. 그러나 속으로는 이런 생각을 한다. 요즘은 아이 하나에 엄마가 딱 붙어서 철저히 관리하는구나. 애들 혼자 길거리를 다니지 않도록 하라는 법이라도 새로 생긴 모양이다라고 말이다.

그런 모습을 보니 우리 애들이 생각난다. 바쁘다는 이유로 나는 아이들 손을 붙잡고 같이 다니지를 못했다. 특히 큰딸을 동네 소아과에 매번 혼자 걸려 보낸 게 떠올라 마음이 복잡해졌다.

의사도 간호사도 잘 알고, 미리 전화로 어디가 아프다고 설명도 해놓긴 했었다. 그러나 그곳까지 혼자 걸어갔을 그 작은 발걸음이 안쓰럽다. 하지만 어쩌겠나? 그땐 그럴 수밖에 없었다.

어쨌거나, 어린이학원을 고른 건 잘한 일이었다. 나를 어린애 취급하며 어린이 수준으로 가르쳐 줘서인지 그나마 말귀를 알아듣기 시작했다. 물론 아직은 7살, 8살 애기들하고만 바둑을 둔다.

사실 그 아이들도 내겐 대선배다. 꼬가들은 자기들보다 한참 실력이 떨어지는 할머니를 만나니 신난다는 듯 마음의 소리를 낸다. "할머니, 지금 입문이예요? 초급이예요?"

그러면 나는 '입문'이라고 답하는데, 곁에 있던 원장은 '초급'이라고 해준다.

아이들은 바둑을 두다가도, "아싸! 그쪽은 죽는데!" 하거나 "흠! 거긴 축인데!" 하며 나의 실수를 즐거워한다. 내가 쩔쩔매는 걸 신나 한다.
 그러는 동안 나의 죽은 바둑알들이 새까맣게 쌓여간다. 그 모습이 싫지 않다. 나의 죽은 바둑돌들이 켜켜이 쌓여가는데 나는 자꾸 웃음이 난다.
 그렇게 승부욕을 불태우던 아이들도 제 엄마가 밖에서

ⓒ권일채 2024

이름을 부르면 벌떡 일어난다. 불과 한두 시간 전에 헤어졌을 텐데도, 아이는 엄마 목소리가 얼마나 반가운지 총알처럼 튀어나간다.

때론 아빠도 온다. 집에 가려고 나오다 보면, 젊은 아빠가 한강에 자전거 태우러 가려고 아이의 머리카락을 정리해 가며 헬멧을 씌워주고 있다. 행복해 보인다. 저절로 미소가 지어진다. 꼬마는 내게 손을 흔들어 준다.

요즘은 이웃 애들에게 햄버거 하나 사줄까 묻는 것도 실례다. 나는 우리 쌍둥이랑 같이 갔던 햄버거 가게에 들어가 키오스크로 더블치즈 버거 레귤러 사이즈를 주문하고 창가에 앉았다.
문득 쌍둥이가 했던 말이 생각난다. "할머니, 라지랑 레귤러는 빵 크기만 다른 거니까 그냥 레귤러로 시키세요." 미국으로 이사간 쌍둥이가 보고 싶어 눈을 껌벅거리며 입을 크게 벌려 햄버거를 한가득 베어 문다. 꾸역꾸역 삼키니 목이 멘다.

그런데 오늘은 웬일로 내가 꼬마한테 이겼다. 바둑에 진 꼬마는 짜증이 났는지 인사도 없이 가버렸다. 집에 와서 딸에게 말하니, 져주지 그랬냐고 한다.

져주고 말고 할 형편이 아니라며, 나도 모르게 이긴 거라고 했다. 게다가 내가 지고 있을 때, 7살 꼬마가 얼마나 약을 올리던지, 그것도 힘들더라고, 꼬마들의 승부욕이 대단하다고 토로하자 딸은 '너무 귀엽다'며 정신없이 웃는다.

오늘 원장은 학원내의 유일한 어른인 내게 다가와 넌지시 말한다. 실은 엊그제 젊은 사범이 갑자기 그만두었다고. 대학생 같은 그 사범이 그나마 꼬마들에게 떠들지마라, 제자리에 앉아라, 잔소리를 해주었는데 이제 그런 말 할 사람도 없으니 학원은 더욱 시끄러워졌다. 정신이 하나도 없다.

그러고 보면 애들도 수다 떠는 걸 좋아하나 보다. 아예 바둑은 뒷전이고 떠들려고 작정한 꼬마도 있다.

어쩌면 애들도 나와 비슷한 이유로 바둑을 배우는 걸까? 시간을 보내기 위해? 사람과 마주앉아 웃고 울기 위해?

어쨌거나 나는 갈 수 있는 장소를 또 하나 만들었다.
시간들이 무표정한 속도로 나를 스쳐간다.

19
우주적 관점에서 보면 우리 사이는

19

 나는 나만 챙기면 된다. 가족들은 각자 알아서 사는 중이다. 내게 사는 법을 물어보는 자식은 없다.
 두 딸은 결혼해서 짝이 있으니 제 짝하고 의견을 나눈다. 더 알고 싶으면 인터넷 포털을 검색하거나 인스타나 블로그나 커뮤니티에 알아본다. 그러니 엄마를 굳이 찾을 필요가 없다.
 일상의 말을 나누려면 한 공간에 살면서 부대끼는 수밖에 없다. 집에 사람이 있다는 게 엄청 강력한 커뮤니티였음을 이제야 안다.

 우리 아버지는 말 없이 티비만 보고 밥만 드시며 평생을 보내셨다. 그러나 그런 말없는 남편이라도 엄마에게는 한 집에 있다는 게 큰 힘이었음을 나중에야 알았다.

아버지가 돌아가신 뒤, 그동안 엄마가 아버지에게 쏟아내던 노여움과 서운함과 책임추궁은 추진력과 방향성을 잃고 사그라들었다.

분노의 감정은, 이제 영영 혼자일 거라는 외로움으로 이내 바뀌었고, 그 외로움이 쓰나미처럼 엄마를 향해 덮쳐오던 것을 나는 목격했다.

사람은 노년에 누구와 어디서 살지가 중요하다. 혼자 살면 그만이라고 하지만, 실상 그것은 쉬운 일이 아니다. 그렇다고 생판 남들과 단체 생활을 원하는 사람은 없다.

어찌 된 일인지 혼자 사는 사람 숫자는 점점 늘어간다. 이른바 '독거시대'다. 독거노인뿐 아니라 독거청년들도 늘었다.

사십살까지가 청년이라면 집집마다 독거청년들이다. 독거청년으로 살다 바로 독거노인이 되는, 웃기고도 슬픈 시대다. 예전엔 누구에게나 있는 가족이었는데, 요즘은 끝내 가족을 못 이루기 십상이다.

다들 결혼을 재고, 또 재고, 아이를 낳을지 말지 재고 또 잰다. 아이 없는 커플은 가족인 듯 가족 아닌 가족(?)이다. 글쎄, 혼자서 살면서 1인가족이라고 주장하니 뭐라 할 말이 없다.

아직 결혼하지 않은 막내딸은 1인 가족을 표방하며, 엄마인 내게 아무것도 묻지 않는다. 그 애는 원래 독립적인 성격이었다. 아니 어쩌면 바쁜 엄마랑 살면서 엄마에게 묻거나 말 걸 기회를 갖지 못했는지도 모른다.

언니들에게 밀리고, 손님에게 뺏기고, 바빠서 동동거리는 엄마의 뒷모습만 보며 자랐는지도…

하지만 얼굴 대신 등짝만 보였어도 내 머릿속엔 늘 딸들에 관한 숫자와 그래프가 실시간 주식현황판보다 더 분주하고 자세하게 돌아가고 있었다. 당연한 일 아닌가?

바쁜 엄마도 엄마다. 그 애들은 내게 소중한 딸들이다.

두 딸을 낳아놓고, 셋째를 임신했을 때, 가족들은 당연하다는 듯이 아들을 바랐다. 그때 분위기로는 딸이면 떼야 할 판이었다.

아들인지 딸인지 하루빨리 알아내야 할 상황이었다. 당시로서는 '신기술'로 칭송받던 융모막 검사라는 게 있었는데, 태아가 8주만 되면 그걸로 아들 딸을 구별해낼 수 있다고 했다. 나는 융모막 검사로 이름이 난 유명 병원을 찾아갔다. 내 의지로 갔다기보다는 분위기에 떠밀려서 간

셈이다. 그런데 다행히 '아들'이라는 판정이 나와서 온집안이 축하 분위기였다.

마치 그 동안은 참았다는 듯, 아들이어야 한다고 아들이 아닐 리 없지 않느냐고, 난리들이었다.

국제 아들 사랑 동호회의 페스티벌 같은 분위기였다. 그런데 그 잔칫집 분위기는 오래가지 못했다. 임신 5개월에 접어들었을 때 의사가 말을 바꿨다.

자세히 보니 딸이라며, 검사비를 돌려주겠단다.

그때 내가 한가한 여자였다면 병원 앞에서 일인 시위라도 했을 것이다. 이런 돌팔이를 봤냐며, 어쩐지 시원찮더라며, 피켓을 들고 서 있었을 것이다.

그러나 나는 그럴 시간이 없었다. 하도 바빠서 어딘가에 멈춰 서 있을 수가 없었다.

나는 일인 시위 대신 침묵을 택했다. 그냥 아들인 걸로 밀고 나가기로 했다. 하던 대로 했다. 그러다 8개월을 넘기고야 결과가 잘못됐다더라고 말했더니, 다들 또 실망이라고 난리다. 이럴 때는 몸이 하나라 다행이다.

일해야 한다는 핑계로 잽싸게 사라질 수 있으니 말이다.

나라고 왜 고민이 없었으랴.

그러나 나는 몇날 며칠을 싸고 누워 생각을 갈고 갈아 찐하게 농축시킬 팔자는 못 되었다. 그 대신 몸을 움직이며 생각이라는 것을 접고 접어서 꼬깃꼬깃 작은 딱지 만하게 만들어버렸다.

'내가 낳고 내가 키운다!'
그렇게 결론 내리고 나는 남산만한 배를 안고 계속 일했다. 더 힘차게 움직였다.

움직여 일하는 사람이 가장 강하다. 눈앞의 산더미 같은 일거리들. 그것들은 결국 내가 다 해낼 일들이었다. 이래라 저래라 말만 하는 주위 사람들은 아무것도 아니다.

그렇게 낳은 딸이 지금 내 막내딸인데. 지금 이 녀석의 목소리가 얼마나 커졌는지 모른다. 한 살 위 둘째 언니에게도 마치 제가 언니인 양 잔소리를 해댄다.

둘째는 뭐만 하면 동생이 잔소리를 하는 통에 이미 만성이 됐으면서도 서운해 한다.

나는 언니한테 그러면 안 된다는 말드 하지만 마냥 해맑기만 한 둘째를 지적하고 호통쳐 주는 것이 시원할 때도 있다.

막내딸은 '언니! 거기 앉으면 엄마가 불편하잖아! 좀 비켜!' 라거나, '언니! 엄마 다리 아프잖아! 자꾸 옆에서 밀치지 마!' 라며 민망한 효도성 멘트를 날린다. 그러면 효도인에게 테러를 당한 둘째가 징징댄다.

'엄마! 얘좀 봐. 얘가 꼭 나한테 이래라 저래라 해' 라며 황당해한다.

하지만 다행히도 둘째는 뭐든 마음에 담지 않고 금새 잊는 장점을 갖고 있다. 하여간 둘은 제일 친한 친구 사이 같다. 그 둘을 지켜보는 나는 신기하다.

나라는 한 여자에게서 이렇게 다른 성향의 두 자매가 나왔다는 것, 그리고 그 둘이 또 여느 누구보다 더 친하게 지낸다는 것...

내가 막내딸에 대해 가장 잘 알고 있던 시절은 그애 학교 학부모회장을 '역임' 하던 때이다.

'높은 자리'에 있다 보니, 딸이 학교에서 뭐 하고 다니는지에 대해서도 들려오는 게 많았다. 딸은 공부 대신 밴드활동이나 학생회 활동에 열심이었다.

어디서나 인기인으로 대환영 받으며 놀긴 한 것 같다.

그 시절엔 딸아이도 엄마에게 거리를 두지 않을 때라 친구들이나 친구 가족들 얘기를 조잘조잘 떠들어대기도 했다. 막내는 그저 귀엽고, 언제까지 어려보이는 자식이었다.

실제로 막내에게는 한 번도 잔소리 같은 걸 안 해 봤다. 어차피 공부와는 한참 멀어진 것 아닌가 싶었다.

학교 선생님들이 해준 말 중에도 '학업역량이 우수하다' 같은 말은 없고 명랑하다, 이쁘다, 분위기를 밝게 한다, 성격이 좋다는 말만 잔뜩이었다. 공부까지 열심히 한다면 좋겠지만, 남편 바가지도 안 긁어 본 내가 딸에게 공부하라고 잔소리를 하기는 싫었다.

공부는 결국 제가 해야 되는 건데, 그 문제로 계속 부딪혀봐야 얻을 게 없다는, 본능적인 판단이 있었던 것이다.

어차피 일등, 이등을 할 것도 아닌데, 사이가 멀어지는 게 싫었고 잔소리쟁이 엄마가 되기 싫었다.

이후로 학교에 대해서는 입학식과 졸업식에 꽃다발 들고 가서 숯불 갈비 먹은 것만 어렴풋이 기억난다.

그렇게 나는 드문드문 꽃다발과 갈비로 학부모 역할을 했다. 막내는 대학 졸업 후부터 나가서 사는 중이다.

어쨌건 나는 그 시절이 그립다. 삼사십대가 된 애들보다 그때 한집에 살던 그시절의 자식들이 그립다.

그때의 내가 진짜 엄마 같고, 그때의 애들이 진짜 내 자식 같다.

나가 사는 막내딸이 내내 혼밥할 것이 안쓰럽지만, 딸은 아무렇지 않다고 한다. 내가 해주는 반찬도 가져가지 않는다. "대체 뭘 먹냐"니까 퇴근하면서 전철 앞 백화점에 들러 세일하는 반찬을 사다 먹는다고 한다.

얼른 결혼하라는 말이 목구멍까지 치밀어 오르지만 나는 그 말을 참는다. 혼밥이 별로라서 결혼하는 건 말도 안 되니까. 그러나 이렇게 말할 순 있다.

결혼이란 거창한 게 아닌, 매일 밥을 같이 먹는 사람을 갖는 거라고! 평생 말이다.

그러나 결혼해 보지 않은, 인생을 허비해보지 않은, 막내는 이해를 못 할 것이다. 예전에 나도 혼밥이 뭐가 대수냐며 큰소리를 쳤었다. 그러던 내가 요즘은 돌아가신 엄마에게 자꾸만 "미안했지 말입니다!" 하며 묵념을 한다.

닥치기 전에 누가 안단 말인가? 책에서 읽어도 눈으로만 알지 마음으론 모른다.

어디를 가봤자 내 옆자리는 허전할 뿐이다. 침묵의 구덩이를 말로 메꾸는 능력자는 못 되기에 나는 라디오 청취자처럼 듣기만 한다. 듣고 또 듣고, 듣다 보면 침묵도 말을 건다.

나는 사람들이 많이 오고 가는 분주한 식당을 운영한다. 조용하려야 조용할 수가 없는 운동장 같은 가게이다.

이리 패스해라, 저걸 막아라, 거기서 슛을 쏴라! 내 나름 막아내고 지키면서 하루를 보내는 게 나쁘지 않다. 사람들을 대면하는 일도 할 만하다.

진상 손님도 누구보다 빠르게 알아챈다. 식당을 오래하다 보면 저절로, 명견만리처럼 '진상단리'가 생기는 듯 들어올 때부터 심상치 않은 사람은, 영락 없다.

하필 딸들이 가게를 볼 때, 이런 손님이 찾아올까봐 걱정이 된다.

나는 손님을 반기고, 손님을 좋아한다. 그나마 손님들이 있어서 말을 하고 산다. 자식들은 묻는 볕이 없으니, 말할 기회도 없다.

이렇게 빡세게 살아왔는데, 뭔가를 물어보는 사람이 한 사람도 없다는 것은 그동안 미련하게 살았다는 증거인가 싶어 짜증난다.

지구의 주인이 사람인 줄 알았고, 지구의 중심이 내 발 밑에 있는 줄 알았었다. 그런데 가만 보니 그게 아니다. 사람은 두 발로 땅을 굳게 딛고 서 있는 게 아니다. 빙빙 도는 둥근 지구의 터럭을 한 손으로 움켜잡고, 나가떨어지지 않으려고 버티는 중이다.

  이러다 손아귀 힘빠지면 우주 미아다. 누가 툭 쳐서 떨어뜨리면 꽥 소리도 못 하고 블랙홀로 빨려들어가야 한다.

  우리는 우주의 중심도, 지구의 중심도 아니다. 각자가 각자의 중심일 뿐이다. 한때 나는 내가 중심이고 딸들이 나의 위성인 줄 알았다. 그런데 그게 아니다. 아니었다. 우주의 중심도 지구의 중심도 다 제각각이었다.

  멀어져 간다. 그러나 아직 가깝다. 우주의 관점에서 보면…

20
환호

20

 나이 드니 감탄이나 환호나 함성을 지를 일이 없다. 태극기부대나 하면 소리 지를 일이 있을까? 나의 일상은 흘러 흘러 잔잔한 시간의 바다로 가고 있다.

 어떤 노래는 내 마음과 삶에 파고들어 일부러 유튜브로 찾아 듣기도 한다.
 내 마음과 맞는 노래는 잔잔한 노래들이다. 못 찾겠다! 꾀꼬리! 꾀꼬리! 가 무얼 뜻하는지 모르겠는 그런 노래는 아니다.
 윤동주의 시를 노래에 삽입한 눈쌓인 킬리만자로의 외로움을 표현한 것도 뜻은 잘 모르겠다. 직장인들이 즐겨 부르는 노래 일순위라고 들었다.
 그 언젠가 꽃다발을 전해주던 단발머리라며 삐용! 삐용!

하는 전자음도 내취향은 아니지만 한 시대를 풍미했던 슈퍼스타라 더 늦어 못 보기 전에 환호를 보내고 싶었다.

　여인들 몇몇이 직접 공연장을 향했다. 거금을 줘도 구하지 못하는 찌를 듯 높은 인기에 놀란다.

　까마득하게 지난날이 되어 기억도 안 나는 젊은 시절, 젊은 엄마로 살며, 자식들에게 못해본 오글오글한 말들을 할머니가 되어 손주들에게 과하게 한다. 하지만, 손주들이 다 커버리기 전에 더 많이 사랑하고 싶다. 까악! 우와, 최고, 라며 박수와 포옹과 환호와 감탄을 자식한테 인색했던 것까지 모두 합쳐 손주들에게 보낸다. 쌍둥이들이 농구 배우는 애들이랑 시합을 할 때도 나는 환호와 함성을 소리높여 보낸다.

　대충 흉내만 내며 뛰다가 내 응원과 환호가 들리면 펄쩍펄쩍 잽싸게 뛰니 신난다. 나도 같이 뛰는 듯 감독처럼 응원한다. 막아, 막아, 뛰어, 뒤에 조심해.
　슛! 슛, 옳지 잘한다! 하며 제3의 선수로 뛴다.
　딸은 가만히 구경만 하라 했는데 엄마 때문에 창피하다고 할까 봐 걱정된다.

손주들은 꺅!이나 우와! 최고! 잘한다! 같은 감탄이나 환호 하지 말라고 안 하고 좋아하니 행복하다.
요즘은 할머니! 제가 뭐 하나 사드릴까요? 라면서 웃음 터지는 말도 한다. 이젠 용돈이나 비상금도 갖고 다니나 보다.

혼자서는 어디서도 물살을 일으킬 수 없다. 그러니 머리 숫자를 모으는 단체들은 물살을 일으키려 다단계로 사람을 모으느라 극성이다.
나도 아마 여러 이익단체에 속해 있을 거다.
민주당이나 국민의힘에 짬뽕으로 속해져 있을 수도 있다.
정치인들은 한 표에 정신이 팔려 숫자가 많은 단체만 찾는다. 그러다 보니 쓸데없는 단체도 숫자만 늘리는데 열성이다. 별스런 단체들이 출몰 중이다. 요즘 대세는 팬클럽들이다. 온라인에는 우리는 절대 못 풀어낼 숫자와 각종 단체의 비밀이 숨어있을지도 모른다.

고작해야 티브이로 연결돼서 숫자로 집계도 안 되는 옛날 옛적 팬클럽사람들과 자발적 팬들이 용필오빠 공연을 보러 왔다.
그들은 용필오빠를 만나러 용필오빠의 콘서트시간에 맞

취 모인 건데 대개 육십 대들인 거 같다.

　나는 통기타부대를 좋아했는데 통기타부대는 저런 소리가 빵빵하게 울리는 콘서트는 못한다.

　진정 새로운 건 손가락으로 모든 걸 다할 수 있는 신인류들이다. 손가락 하나로 해내는 핑거족들의 출몰로 연예인들도 새로운 시대에 맞춰 실시간 투표로 온라인집계되어 스타가 만들어진다.

　그래도 나는 사람들을 만나면 세상 돌아가는 걸 듣는다. 그게 그거에서 맴돌지만 몇 마디 안 해도 뜻은 다 통한다. 언제? 왜? 그래서? 그런데? 또? 미쳤군! 어이구야! 대박! 별꼴이네! 미친! 같은 추임새만 넣을 줄 알면 대충 대화를 잘하는 거처럼 꾸려갈 수 있다. 말하는 건 다른 이들의 몫이다.

　매일 이렇게 짧은 말만 하니 함성이나 환호 같은 거 폐부를 울리며 큰소리로 헤보고 싶었는데 몇 년간 할데가 없더니 엇그제 여인들 몇 명과 조용필콘서트를 가게 돼 드디어 기회가 왔다.

　잠실역 출구에 내리니 세대별로 인파가 양쪽으로 갈린다. 젊은 세대들은 야구경기 보러 야구장 쪽으로 가고 중년들은 용필오빠 만나러 주경기장 쪽으로 나간다.
 먹을 걸 양손에 잔뜩 들고 유니폼을 입고 신바람 난 걸음으로 용필오빠쪽 출구로 가다가 그쪽에 몰려있는 사람들의 나이나 옷차림새나 성별의 분위기가 다르다는 걸 눈치채고 화들짝 돌아서는 젊은이들을 보며 빵 터진다
 정말 확연히 다르다. 젊고 싱그러운 사람들은 모조리 야구장으로 가고 있다.
 팬들도 오빠 따라 늙었지만 마음만은 늙을 수 없다는듯 공연장은 바람 불고 달빛 비추는 잠실 주경기장이다.

 부모님을 모시고 온 자녀도 있고 엄마단 모시고 온 딸도 있고 부부끼리 온 사람도 많다.
 내 옆자리는 젊은 사람이 혼자 왔지만 관객들은 대부분 나이 든 사람들이다. 일곱 시 반부터 시작인데 객석이 양옆에 사각지대만 빼고는 꽉 찼다. 바로 옆에 있는 야구장에서는 벌써 응원과 함성소리가 잠실벌에 우렁차게 울린다.

 우리도 시작해야 하는데 멘트도 없이 15분이 지연됐다.
 사람들이 조금씩 술렁대다가 조용필을 불러본다.
 조용필! 조용필! 조용필! 하며 서서히 소리가 커져가니 깜깜했던 무대에 그림자처럼 한 사람씩 나와 드럼자리에

앉고 키보드 자리에 앉고 한 사람은 기계음 전자보드에 앉고 기타도 한 명이다. 저 멀리 자그마한 용필님이 나온다.

일부러 늦게 나온 건가? 사람들의 함성과 환호가 엄청나다.
바로 불꽃놀이와 함께 공연이 시작된다. 시작안내도 없고 사회자도 없이 빵빵 불꽃놀이가 시작되면서 엄청나게 폭죽이 터져 하늘 위로 날아다니고 온천지에 함성이 진동한다.

딱 내 취향이다. 원래 조용필 쇼는 말도 안 하고 노래만 하는데 나는 이런 게 좋다. 말 안 하고 노래만 듣고 싶다.
첫곡이 최고다.
하늘에서 폭죽이 터지고 콘서트 소리가 야구장 함성을 눌러버렸다.
나이 든 여인들이 눈치 보지 않고 오빠를 부르느라 제가끔 목이 터진다. 아는 노래가 나올 때마다 연신 '와악' 하는 함성이 공연장에 울려 퍼진다.
조용필이 내 나이 다들 아시죠? 하며 손바닥을 두번 펴 보이며 55살로 여겨달라고 할 때 웃음이 터진다.

나이 앞에서 오빠도 믿고 싶지 않은 듯 말을 흐린다.
나이 앞에 밀리지 않으려고 그도 아이돌과 함께 나오는

티브이무대는 안 서나 보다. 옆에서 아이돌이 부축한다고 할까 봐 혼자 단독 콘서트를 하는지도 모른다.

조용필이 누군지도 모르는 자식뻘 손주뻘 세대들 앞에서 뭘 어떻게 보여줄 수 있을지, 그 사람이 누군지 아는 것도 시간이 걸리는 거다.

조용필도 자기를 알아주는 자기 시대의 팬들과 함께할 때 가장 편하게 노래할 거 같다.

오래전 둘째 딸은 속이 비치는 저고리를 입고 땀을 흘리며 노래와 춤을 추는 나훈아 님에게 저 할아버지는 누구냐는 망언을 날렸었다. 모르면 그런 말을 하는 거다.

용필오빠에게 보내는 팬들의 함성과 환호가 전오빠에게 해진 건지 꽤 많이 웃는다.

활짝이 아니라 쪼끔씩 비죽이 웃는데' 자연스러운 그의 웃음이 좋아서 덩달아 웃음이 나온다.

함성과 환호를 보내느라 오래간만에 소리를 질러댔더니 속이 뻥 뚫리는 거 같다.

벌떡 일어나 손까지 흔들어대다 뒷사람에게 미안하다고 하니 괜찮다고 해준다. 아는 노래가 끝날 때까지 서서 환호와 함께 손을 흔드니 옆의 아가씨도 벌떡 일어난다.

떼창으로 노래 부르다 보니 두 시간이 훌쩍 갔다.
비가 한 방울 떨어져서 걱정했는데 그걸로 끝이라 다행이다. 감사합니다! 라며 팬들에게 계속 연거퍼 끝인사를 했지만 당연히 앙코르를 외치고 조용필은 다시 무대로 나와서 두곡을 더 부른다. 팬들도 이젠 안다는 듯 아쉽지만 자리에서 일어선다.

맞바람이 쳐서 눈물이 난다며 용필오빠가 눈물을 닦으니 나도 눈물이 흐른다. 오늘 콘서트 잘 왔다.
공연이 끝나고 택시 잡는 게 전쟁이었지만 하나도 안 힘들고 직접 보러 온 게 뿌듯하다.

어깨를 웅크리고 옷도 안 바꿔 입고 춤도 안 추고 사회자도 없고 멘트도 없고 게스트도 없이 빠른 템포와 빠른 가사의 신곡도 부르며 주름진 얼굴을 선글라스로 가리고 무대 뒤까지는 지팡이를 집고 오더라도 마이크대를 잡거나 건반에 의지하더라도 콘서트를 또 기대한다.

용필오빠는 흘러가지 않았다. 팬들에게 또렷이 생생하게 들려오게 노래한다. 와! 최고예요! 파이팅! 사랑을 보냅니다!
큰 소리로 함성과 환호한다.

21
먹어! 먹어봐! 한번 먹어봐!

21

 거의 모든 밥을 남들과 먹는다. 집밥은 혼밥이 되기 십상이라 자꾸자꾸 사람을 만나러 나간다.

 두 팔을 프로펠러처럼 돌리며 양손을 저울처럼 쓰며 한 근? 모자라겠지? 두 근? 아예 남는 게 낫지? 다섯 근으로? 해 가며 왕창왕창 너도 먹고 나도 먹고 아줌마들도 먹고 옆집도 먹고 실컷 먹다 각자 집에 갈 때 싸주기도 하던 시절이 엄앵란, 신성일 영화처럼 흐릿하게 상영 끝! 이라고 디앤드! 라고 장장하게 큼지막한 글씨로 스크린 가득 떠있는데 뭘 그리워하는 건가?

 좋아하는 장면은 밥상에 가족들이 가득 둘러앉은 장면인 듯 그렇게 밥숟가락을 들고 입을 크게 벌리고 김영희

작가의 점토인형처럼 멈춰있으라는 건가?

 나뿐만 아니라 내가 아는 모든 사람들이 늙어가고 있고 하물며 자식들도 늙어가기 시작했는데 언제까지 부여잡고 있겠다는 건가?

 뭐든지 시작과 끝이 있고 움직임과 멈춤이 있고 나섬과 돌아섬이 있는데 나는 며느리시대를 기억하기 싫어 친정 엄마와 할머니로 활약하던 때를 회상하는 중이다.

 며칠 전 3주간 미국딸집을 다녀와서 오랜만에 지인들을 만났다.

 요즘은 다들 물건들이 많아서 선물이라며 센스 있게 살만한 물건이 없다.

 그전에는 립스틱을 사서 외국 다녀왔다며 한 개씩 선물로 주곤 했지만 그것도 코로나로 마스크를 쓰면서 집집마다 널브러진 립스틱 투성이라 색깔도 브랜드도 맞추기 까다로워 나는 아무것도 못 사 왔다며 밥을 산다고 한다.

 밥 먹자고 하면 대부분 좋아한다. 밥 먹으면서 나는 그다지 말을 많이 하는 거 같지 않다. 먹을 때 말하지 말라던 아버지 목소리가 머리속에 떠오른다.

 밥은 일곱 숟갈이면 끝나니 빠른 속도로 먹는 나는 천천히 음미하며 먹는 다른 사람들과 속도를 맞추려 주의한다.

가게에서 바쁜 점심장사를 마치고 주로 오후에 점, 저를 먹자 한다. 점심을 먹지 말고 만나자고 미리 언약을 한다. 다들 나이 드니 많이 못 먹겠다며 그러자고 한다.

사실 만나서 먹지 않으면 할 게 없다.

먹는게 중요한 만남에 자긴 먹고 나왔다고 하면 충격을 받아 맥이 빠진다.

먹으러 만난 건데 먹고 나오다니? 하는 단순세포 말미잘 같은 생각으로 빨리 집에 가서 아무에게나 전화해 왈왈 대며 뭐 하러 나왔냐며 욕할 거 같다.

욕할 데가 한 군데도 없으면 어쩌면 어느 날 속에 가득 찬 욕이 한순간에 영어로 일본말로 청소년들이 입에 달고 사는 17 다음의 숫자로 입 밖으로 뻥 튀어나올지도 모른다.

아무래도 나는 학처럼 꽃처럼 이슬처럼 맑은 냇물처럼 살기는 그른 듯하다. 점점 엄마 아버지가 떠오르는 건 그 두 사람 외엔 진정 내 생각해 주는 사람은 온천지에 한 명도 없다는 깨우침을 주는 이 사바세계가 싫어서인 것 같다.

뭘 그렇게 생각해 주길 바라는지 알 수 없다. 먹을 때마다 먹어봐, 먹어라, 이거 정말 한 번만 먹어보라니깐, 심지

어 입에까지 넣어주던 엄마의 마음이 뭐였는지 이제서야 조금 알 거 같다.

외롭게 살지 말라는 암호였다.

어릴 때는 그 말에 거부감이 없었는데 어른이 되고 나서는 먹어봐, 먹어라, 한 번만 먹으라니까? 이 말의 암호를 못 풀고 버럭 짜증만 냈는데 말이다.

나는 이 말을 안 하려 애쓰지만 딱히 자식들에게 먹어봐! 말고는 할 말이 없다.

그래도 안 하려고 하는 건 식당에 오는 많은 가족을 보면서이기도 하다.

특별한 날이 아닌 이상 셋이나 네 명이 식구의 숫자고 조부모가 참석하면 6명 정도가 가족숫자다.

가족은 중요한 외식 단체 중의 하나라 애들은 아기 때부터 차에 태워져 방랑식객인 듯 맛집 동호회인 듯 어느 어른보다 맛집경력이 차고 넘친다.

심지어 뉴욕까지 스테이크 먹으러 가는 게 유행인 시대다.

흔하디 흔한 밥이고 하루에 세 번씩 먹는 밥이건만 나도 그렇고 시대도 그렇고 누구랑 먹을지가 문제다.

얼마 전까지만 해도 혼자 식당에 와서 먹는 건 그다지 흔한 일이 아니었다.

그러나 코로나로 만남이 사라지고 모여도 된다는 숫자가 네 명으로 축소되더니 그나마 기동력이 딸리는 할머니들은 거의 사라지고 직장인들도 온라인으로 교류하는 신인류의 탄생으로 직접 만나 뭉쳐 다니거나 떼 지어 다니는 문화가 사라진 거 같다.

일본인은 이상하게 혼밥을 좋아하더라며 숙덕거렸었는데 혼밥이 우리에게도 정착하는 듯하다.

혼밥과 밀키트와 햇반과 비비고와 급식과 뷔페와 백종원이 식문화계에 르네상스를 가져와 고전적 집밥은 사라진다.

첫째 집밥을 만들어줄 엄마들이 바쁘고 그걸 먹어줄 자식들도 없다.

우리는 요리 말고 음식을 먹고 싶지만 세상은 온통 요리만 만드는 중이다. 청춘들은 맛집을 찾고 중년들은 아는 집을 찾는다.

생판 처음 보는 식당은 들어가기 어색한 나이가 되어 머뭇대다 먼저 갔던 그 집으로 가자며 갔던 집을 또 간다.

큰딸은 아이들이 어려서 식당에 가는 것도 번거로울 때 집에 자주 왔다.

나는 아무 연락 없이 오더라도 금세 뚝딱 차려서 모두

둘러앉아 먹곤 했다.

음식이 없다면 뭘 놓고 둘러 앉을 수 있단 말인가? 그런 건 없다. 그때가 그립지만 뭐든 시작과 끝이 있음을 명심한다. 영화처럼 두 시간 안에 안 끝나서 다행일 뿐이다. 그래도 몇 년간 가족끼리 모여 밥을 먹을수 있었다.

나도 엄마처럼 이거 먹어봐, 이것 좀 먹어. 싸줄까? 이런 말을 하고 싶었는지 주문처럼 암호처럼 돌림노래처럼 쿵쿵 따리 쿵쿵따! 먹어봐! 만 말한 거 같다.

밖에서 먹을 때는 만드는 사람 대신 똑같이 먹는 사람이 되니 맛있다! 이런 거 처음 먹어본다! 싱싱하네! 너무 비싼데 아냐? 엄마가 낼까? 이런 말을 주로 하는데 이상하게 그 말은 먹어봐! 먹어! 한번 먹으라니까! 이 말보다 힘이 없다.

나는 미국 딸네집 부엌에서는 종횡무진하지 않으려 조심했다. 그래도 압력솥을 가져갔기에 몇 가지 음식은 직접 만들어 식탁에 차려놓고 오랜만에 먹어봐! 먹어라! 이것 좀 먹어! 이런 말들을 해봤다. 하지만 내 집이 아니라 그다지 완벽한 목소리론 못한 듯 이참에 먹으라고 하는 주술인지 암호인지를 거두기로 마음먹는다.

서울에 와서 만난 지인은 내게 이렇게 말한다.

내 부엌도 아닌데 어떻게 뭐가 어디 있는 줄 알고 획획 만들었냐면서 자기는 이미 오래전부터 밥을 안 했다며 햇반 사다 먹은 지 꽤 됐다며 남편도 회사에서 다 먹고 오고 자기도 밀키트나 반찬 사 먹은 지 오래 됐다며 나를 일깨워준다.

시어머니가 뭘 줘도 두 식구라 혼자서는 도저히 먹어 치울 수가 없고 남편이 쉬는 날엔 자기도 집에서 먹기 지겨워 꼭 나가서 먹는다고 말한다.

아무래도 먹어봐! 라거나 한 번만 먹어봐! 라는 주문은 우리 엄마대에서 끝날 시대언어가 된 거 같다.

고등학교 다닐 때 학교에서 했던, 쌀이 부족하다며 도시락에 보리나 잡곡을 섞으라던 혼, 분식 장려운동도 웃긴 유물이 됐다.

먹어봐! 란 말은 자식에게 자유롭게 건네던 유일한 한마디였을지도 모른다.

이제 무슨 말로 대신할지 도무지 떠오르지 않아 바라보기만 해야 할 거 같다.

먹어봐! 먹을래? 이말을 대신할, 수리수리 사바하처럼 주문이나 암호가 딱히 떠오르지 않는 엄마들의 시대다.

22
조슈아 트리 가는 길

22

 딸은 미국에 온 엄마를 어딘가 데려가야 될 거 같나보다.
 나는 손주들 보러 온 게 목적이라 관광지나 유명 맛집은 별 흥미를 보이지 않는다.
 아! 그럼! 그럼! 좋지! 아무래도 좋지! 하는 건 우리 엄마 아버지도 없던 성향이라 나도 빠이야! 나 파이팅! 을 못하고 하루하루 지나간다.

 쌍둥이가 방학을 했으니 조슈아 트리를 가보자며 내일 새벽에 떠나자고 하니 먼 곳이냐? 몇 시간 걸리냐? 이런 질문해야 좋을 텐데 잔잔하게 그러자고 대답을 한다. 서울서도 새벽에 일어나더니 여기서도 새벽에 일어나 남는 시간이 말썽이다.
 새벽에 깨면 아무것도 할 게 없어 방 안에서 유튜브만

본다. 내 방의 커튼을 살그머니 걷으면 까만 어둠만 보여 커튼을 도로 닫는다. 나는 유튜브로 조슈아 트리를 검색해 본다. 몇 년 전에 갔었던 애리조나의 무슨 국립공원과 비슷하다.

그때도 내가 산과 자연만 다닌다며 이박삼일을 걸어야 하는 캠핑을 했다.

광활한 지형이라 발바닥에 불이 나도록 걸었는데 지금은 부실 무릎이 됐기에 그때 잘했다는 생각이 든다. 내발내산이다.

예전에 간 곳은 인디언레저베이션이라 말이나 헬리콥터만 탈 수 있는데 그걸 이용하지 않기로 한 우리는 걷고 또 걸었다. 무거운 배낭을 메고 누구도 불평 없이 캠핑포지션까지 도착하니 어느새 해가졌다.

화장실은 곰이 나올지 모르니 조심하라 쓰여 있고 각자 자기 텐트를 치고 버너에 불을 피워 단출한 저녁을 먹고 식수대에서 물을 쫄쫄 받아 고양이 세수를 했다.

옆에서는 어둠 속에서 졸졸졸인지 콸콸콸인지 물소리가 계속 들려온다. 곰이 오든 말든 곯아떨어졌다.

딸네가 데려가고 싶어 하는 곳을 검색해 보니 대자연이

다. 나는 음! 알 거 같군! 하며 미리 짐작해 본다.

작은 쌍둥이가 이곳을 예찬했었다.

할머니 정말 좋아요! 미국 와서 가슴이 답___답___했었는데 거기 가서 속이 뻥 뚫렸어요! 한다.

어린 녀석이 답답했다니 그리고 그 답답한 가슴이 드넓은 경치를 보며 뻥 뚫렸다니 국립공원 조슈아 트리가 고마웠다.

나는 호기심이 사라지는 나이가 된 듯 쌍둥이만 챙기며 차에 오른다.

해도 뜨지 않은 새벽에 출발하는 걸 보니 한참 걸리는 모양이다.

사위는 힘든 내색 없이 운전한다.

우리 차는 딸이 사는 어바인에서 곧바로 외곽으로 가는 유료도로를 탄다. 미국은 한국보다 운전이 쉽다지만 나는 눈알을 좌우로 굴리며 내가 운전하는냥 도로와 내비에 신경 쓴다.

아줌마들과 서울을 벗어나 멀리 갈 때는 운전대를 무조건 내가 잡기에 빠릿빠릿한 여인을 꼭 옆자리에 앉으라고 한다.

오직 내비에 의지해 가지만 도로를 빠져나가거나 차선을 바꿔야 되면 옆자리의 여인과 의논한다.

이길 맞지? 하면 옆여인이 확신 역할을 한다.

아냐! 한 칸 더 가야 돼! 여기는 다른 데로 빠지는 데야! 하면 잘못 갈 뻔한 위기를 넘기고 한 칸 더 가서 빠진다.

바로 좌회전이라며 차선 바꾸지 말라는 여인의 멘트를 들으며 좌측이야? 하마터면 우측으로 갈뻔했네! 하면 여인이 그럼 우리 한 바퀴 돌아오는 거지 뭐! 우리가 사업하는 것도 아니고 밥만 먹고 오는 건데 시간 맞춰 갈 일 있나? 하면서도 매번 목적지에 잘만 도착해 정말 밥만 먹고 온다.

여인들이 그렇게 시간을 보내는지는 자식들은 모른다. 남이 보기엔 잘 늙어가는 명랑여인들이지만 쓸쓸한 나이다.

나는 운전하기 싫어하는 여인들보다 내가 운전하는 게 좋다.

뒷좌석의 여인들은 앞자리의 여인들이 도로를 바꿀 때 긴장하든 말든, 꽃이 피고 지고 단풍이 물들다 낙엽이 지고 눈이 오든 말든 상관없다, 평생 숨겨온 재주를 이제서 발휘하듯 웃기는 광경과 거기에 등장하는 인물과 그들이 한 말들을 토씨하나 안 틀리고 현장처럼 묘사하니 정말 웃긴다.

"얼마짜리 옷을 입었다고? 그런데 하나도 안 이쁘다고?" 하며 웃기도 바쁘다.

진지한 말 같은 건 맥도 못 추리고 웃기지도 않으니 주의한다.

우리끼리 개그콘서트처럼 다니는 차와 달리 나는 엄마와 할머니와 장모라 이 차에선 진중해야 될 거 같다.

아니, 그녀들도 다 아들차를 타면 그랬었다고, 넌 딸이라 모를 거라고 숙연하게 말했었지만 비슷한 처지다.

삼대 5명이 탄 우리 차는 241번 유료도로를 타다가 91번 프리웨이로 옮겨 탄다.

도로를 옮겨 탈 때는 내가 운전하듯 나도 조금 긴장한다. 91번 프리웨이를 30여분 달리다 1번 도로로 갈아타서 약 40분을 간다.

가는 도중에 펼쳐진 지형이 웅장하다고 한마디 하니 기다렸다는 듯 네 식구가 저건 아무것도 아녜요! 조슈아 트리를 보면 깜짝 놀랄 거라고 신이나 한다.

넓은 땅덩어리에 도로와 자연만 드넓게 펼쳐진 곳을 가다가 건너편 도로를 보니 반대쪽에 씨즐러 대형간판이 보인다.

몇십 년 전 남편과 딸과 셋이 미국 와서 씨즐러에 갔을 때가 떠오른다. 돈도 얼마 안 내고 모든 음식을 다 먹을 수 있다는데 놀랐던 기억이 난다. 사람들은 놀라기나 해야 그나마 기억에 남는 모양이다.

나는 아주 젊던 부부와 복슬복슬했던 어린 딸의 기억이 아주 잠깐 떠올랐다가 탁! 하고 사라진다.

91번 프리웨이에서 10번 도로로 갈아타고 40분쯤 가니 팜스프링이 나온다.

연금 타는 사람들이 편하게 살기 위해 온다는 도시이기도 하고 관광지이기도 하다.

딸은 생각해 둔 파커 호텔로 당당히 들어간다.

발렛으로 주차해 주니 손님들이 입구에서 키를 맡기고 내려야 한다. 나도 꾸물꾸물 쭈구렁할머니처럼 무릎을 펴며 차에서 내리고 쌍둥이들이 옆에서 왕비마마처럼 손을 잡아준다. 무심코 내린 호텔에 멋진 사람들 천지라 눈이

번쩍 뜨인다.

　영화배우들처럼 화려하고 멋져 눈이 휘둥그레진다.

　딸은 동생 왔을 때도 여기 와서 점심을 먹었다며 좋아서 엄마를 데리고 왔다는데 예약이 만료라는 매니저 말에 난감해 한다. 나는 밥 먹으러 온 건지 투숙하러 온 건지도 모르는 판에 난데없이 멋진 이곳의 사람들이 궁금하다.

　로비 중간에 서 있는 두세 명의 한국사람을 보며 너도 놀랍지 않냐는 뜻으로 꿈뻑하고 눈인사를 나눈다.

　딸은 매니저에게 다른 식당을 추천해 달라 한다. 바로 발렛으로 차를 빼고 사위는 반으로 접힌 달라를 미국인처럼 펴서 얼만가 팁으로 주고 우리는 다시 차에 탄다. 차에 타서까지 나는 목을 뒤로 빼고 돌아본다.

　켜켜이 쌓인 수두룩한 명품트렁크들과 멋진 사람들을 보느라 희끄무리 안개처럼 보이던 눈이 잘 보여지는 것 같다.

　호텔에서 알려준 식당은 스펜서스라는 산밑의 로컬식당이다.

　다행히 다섯 명 앉을 자리가 있어 들어가니 나름 잔뜩 차려입고 멋 낸 미국 노년층이 가득 있다. 아까 본 너무 화려한 사람들에 대한 후유증이 있는지 이제야 밥 먹기 편해지는 장소에 온 듯하다.

　주문받는 웨이트리스가 엄청 친절하다. 각자 나눠준 메

뉴판을 읽다가 어머님 먼저 주문하시라는 사위의 말에 크고 빠르게 짧게 "디스 원!"이라며 런치코스로 주문을 완성한다. 사위도 같은 거로 주문한다.

큰 쌍둥이는 립아이스테이크로 주문하고 작은 쌍둥이도 뉴욕스테이크를 주문한 뒤 딸이 끝으로 퀘사디아를 시키면서 파커호텔에 갔다 자리가 없어 이리 온 거라 말하니 웨이트리스가 그 호텔에서 팜스프링 국제영화제와 국제필름 페스티벌이 열려서 아예 갈 수 없다고 말해 준다.

순간 진짜 배우들이었는데 배우들 같이 생겼다며 못 알아본 아까움과 로비에서 눈을 끔뻑인 한국인들이 실제로는 영화인이었을지도 모른다는 생각에 웃음이 터졌다. 피차 모르는 사람이라 다행이다.

스펜서스엔 아직 sns가 없는 듯 동양 손님이 없다. 일본에서 산 적이 있다는 웨이터가 말을 많이 시켜준다.

여기 오는 손님들은 다 근처의 시니어타운에 사는 사람들이고 대부분 단골들이라고 말해준다. 단골이 많은 우리 냉면집 같다는 생각이 든다.

후식으로 아이스크림까지 먹고 주차장으로 가는 도중에 동네 이발소를 발견한 나는 머리가 덥수룩한 큰 쌍둥이에게 자르고 가자며 유리창을 들여다 보니 주인이 티브이 보는 중이라 바로 자를 거 같다.

 이발사 벵키 킴씨는 옆머리를 짧게 자르냐? 윗머리는 어느 정도가 좋냐? 쌍둥이에게 물으며 바리깡으로만 자른다.
 전직 경찰이었던 자기 사진을 벽면 가득 붙여놓은 벵키 킴씨는 자랑스러운 중국인 같다.
 장난감 비행기처럼 쓱과 싹과 스윽과 사악 소리만 내며 군인처럼 머리를 자른 벵키 킴씨에게 정가 사십 불에 팁까지 50불을 내니 미국에 와서 이발사를 하고 싶어 진다. 쌍둥이가 거울을 보며 씩 웃어 다행이다.

 딸이 마릴린 몬로 동상이 있어 유명한 곳이라고 말하니 갑자기 음! 유명하다니 좋군! 하는 마음으로 스벅에서 커피를 마시고 팜스프링에 최초로 지어진 집이라는 명판이 붙은 집에 쌍둥이와 셋만 들어가 본다.
 안내데스크에 있는 백인할머니가 어릴 때 서울에 살았다며 연자로 시작된다는 어릴때 살던 동네이름을 기억해 내는데 돕고 싶었지만 연희동? 연남동? 연신내? 하다가 더 아는 동네가 없다.

 그 집은 소규모 박물관이라 마릴린 몬로가 영화에서 입

은 하얀 드레스가 전시돼 있다. 지하철 환풍구 위에서 펼쳐지는 드레스를 몬로가 손으로 움켜잡는 사진으로 유명한 드레스라 조금 오래 본다. 쌍둥이는 몬로가 누군지도 모르고 나만 본다. 몬로가 입었어도 옷이 예뻤어도 오래되니 꼬질꼬질해 보여 서글퍼진다.

팜스프링까지 오면 조슈아 트리에 다온 모양이다.

다시 10번 도로로 20분 가다 시골동네길로 바꿔 타고 말 타고 인디언들이 다녔음직한 황토흙길을 30분쯤 달리자 드디어 우리의 목적지인 조슈아 트리 비지터센터가 나오고 온갖 차들이 주차장에 가득하다.

딸과 사위가 국립공원 패스를 끊는 동안 나는 바로 옆 샌드위치 가게에 들어가 샌위치를 산다.

혹시라도 애들이 배고플까 봐 사지만 딸이 '이따 저녁 먹을 건데 그런 거 왜 사냐'고 할까 봐 특공대처럼 후다닥 사면서 나도 눈치를 보는 나이라는 걸 확연히 느낀다.

팁을 15, 20, 25프로 중에서 쓰게 돼 있어 20프로로 쓰라고 말하면서도 아까운 거 같아 쌍둥이에게 '여기서 먹지도 않는데 팁을 줘야 돼?' 하니 아주 조그만 소리로 '주지 말까요?' 하는데 웃음이 빵 터진다. 매장에서 먹지도 않는데 아깝긴 하지만 팁의 나라 미국에서 팁 안 내는 사람이 될 순 없다.

  큰 쌍둥이에게 샌위치 봉투를 냄새 안 나게 차 뒤에 깊숙이 넣으라 한다. 조금 있으니 세 식구가 패스를 끊어와 드디어 조슈아 트리 국립공원으로 차가 입장한다. 차로 다니다 잠깐씩만 내려 경치를 본다. 바위마다 이름이 있어 그런데만 사람이 모여 있다. 해골바위가 유명한지 사람들이 엄청 많다.

  나는 이런 드넓은 경치를 좋아한다.

  장대하고 엄청난 자연이 얼마나 멋진지 인공적으로 아무리 잘 꾸며도 따라올 수 없는 울림이 있다.

  오랜만에 아무것도 아닌 편한 맘으로 작고 가벼운 쪼가리 중의 하나가 되어 자연 속에 묻힌다. 여기저기 거대한 암벽에서 맨몸으로 클라이밍을 하고 암장 제일 윗부분은 장비를 착용하고 수직으로 올라간 사람들이 까마득한 바위 꼭대기에서 실루엣만 보인다.

  사람들을 따라 올라갔다 내려올 때는 바위에 엉덩이를 대고 내려오면서도 이 바위 저 바위 올라간다. 엄마가 무릎이 아픈데도 자꾸 올라가니 가지 마라 하면서도 딸도 좋은가 보다.

  어느새 어둠이 내리고 조슈아 트리의 명성중 하나인 별이 쏟아져내리기 시작한다. 캄캄한 밤하늘에 별들이 하나

둘 보이더니 순식간에 하늘이 별천지다.

 갑자기 추워져 차밖으론 못 나가고 유리창만 내리고 목만 내민 채 올려다 본다.

 딸이 엄마! 하늘 좀 보라고, 저기 저 별 좀 보라고, 저쪽에 별똥별 떨어진다며 계속 엄마, 엄마, 한다. 오늘 엄마를 제일 많이 불렀다. 한참 동안 멋지다! 와 우와!로 답하다 샌위치 있는데 먹을래? 하니 딸이 샌위치가 있냐며 진심으로 반긴다. 가게도 매점도 없는 산꼭대기 드넓은 곳에서 출출했었나 보다.

 큰 쌍둥이가 그제야 차뒤에 엎드려 샌드위치 봉투를 꺼내니 다들 별보다 탄성을 크게 지르며 우와! 우와! 한다. 네꺼는 어떤 맛이냐며 먹어봐도 되냐며 쌍둥이들도 딸과 사위도 다 잘 먹는다. 만나기만 하면 뭐든 먹이고 싶어 하던 내 엄마가 문득 떠오른다. 이제 할 일을 다 끝내고 어둠을 뚫고 집으로 향한다. 집에 가서 마음대로 길게 눕고 싶다.

 갔던 곳을 기록만 하는데 지명과 장소가 기억나지 않아 쓰기 어렵다. 재미있긴 한 건가? 한국인은 모두 조슈아 트리라고 하고 미국인은 모두 자슈아 트리라고 하는 탐방기가 네이버에 수두룩 뜬다. 이건 내가 쓴 무채색의 탐방기다. 나이 들어보니 신기한 건 없고 이상한 것만 보여 탈이다.

그래도 우리 차 옆에서 달리던 기차는 한국서는 절대 볼 수 없는 길으면 기차다. 서부와 동부를 가로지르며 물류를 나르는 100량쯤 되는 화물칸은 처음 시작과 중간까지는 봤지만 끝은 어디까진지 하염없이 이어진다.

늘어선 전봇대는 높디높은 백두산이다. 천 개쯤 되는 높은 전봇대와 전선줄이 주렁주렁 끝이 안 보이게 이어져있다.

돌고 도는 풍력발전기의 수량과 날개는 스케일이 짱이다. 별들은 그냥 별천지다. 스타워즈 촬영지라고 한 거 같은데 안물안궁 잘 안 들었다.

누구와 함께했느냐가 여행이다. 쌍둥이는 청년이 될 거고 나는 결국 어쨌든 기필코 반드시 노년이 된다는 생각이 들면 참 별로다. 결국 노인이 될 건데 그동안 너무 일만 하고 산 게 좀 후회된다.

조슈아 트리! 자슈아 트리! 작은 쌍둥이의 답답한 마음을 뻥 뚫리게 해줬다니 고맙지 아니한가? 별, 바위, 나무, 땅, 바람, 드넓음, 황량함, 하늘, 말없는 자연의 위로!

오늘은 조슈아 트리에서 추억 하나를 건진 날이다.

코멘터리

조민희(작가)
우리가 처음 만난 날, 그녀는 손을 들고 내게 물었다.
우리 밥은 어디서 먹나요?
그때는 몰랐다. 내 외로움에 그녀가 말을 걸고 있다는 것을.
이후로 그녀와 수없이 밥을 먹으며 나는 차츰 알아갔다. 우리 모두는
외로운 사람들이고, 그녀는 우리의 외로움을 대신
노래하고, 춤추고, 외치고, 달리는 여인임을.
그녀는 자전거를 타고 우리들의 마음 속을 달린다. 그러다
한번씩 바퀴를 멈추고 서서, 바람이 전하는 말을 듣는다.
오! 그래, 괜찮아. 우린 만나게 될 거야.

바람이 불어오면 귀 기울여봐!
ⓒ이경미 2024

초판 1쇄_ 2024년 3월 27일

지은이_ 이경미
펴낸이_ 정진자

디자인/편집/제작_ 쓰리제이(3J)
표지그림_ 박지환
내지그림_ 박정원/김동숙/이현주/권일채
인쇄_ (주)서경문화사

출판등록_ 제313-2010-28호

주소_ 서울시 마포구 양화로 156, LG팰리스 1216호
전화_ 02-335-5651
팩스_ 02-335-5668